INTEGRA

Método

5ª edición: marzo 2020

Diseño de portada: Editorial Sirio, S.A.
Ilustraciones de Alba Eiriz

www.editorialsirio.com
sirio@editorialsirio.com

I.S.B.N.: 978-84-16579-07-5
Depósito Legal: MA-237-2017

Impreso en Imagraf Impresores, S. A.
c/ Nabucco, 14 D - Pol. Alameda
29006 - Málaga

Impreso en España

Puedes seguirnos en Facebook, Twitter, YouTube e Instagram.

Ricardo Eiriz

INTEGRA
Método

EDITORIAL
SIRIO

Este libro está dedicado a todos los que formáis la familia INTEGRA.
Sois vosotros los que me habéis hecho consciente de la importancia de escribirlo.

INTRODUCCIÓN

Un hombre que ya no es capaz de maravillarse
ha cesado prácticamente de vivir.

ALBERT EINSTEIN

Hace muchos años alguien me preguntó: «¿Cuál es tu misión en la vida?». Lo cierto es que esa pregunta me dejó descolocado. Hasta ese momento nunca me había planteado que cada persona tuviera una determinada misión. Lo que ahora me parece obvio, hace unos años ni siquiera era una opción para mí.

Ahora sí que lo tengo claro. Mi misión es construir un mundo más feliz, o lo que es lo mismo, elevar el nivel de conciencia del planeta, y eso es lo que busco en todo lo que hago, incluidos mis libros y cursos.

El libro que tienes en tus manos es una pieza clave en la persecución de mi misión. En él encontrarás buena parte de todo lo que he aprendido, descubierto y creado durante los últimos años respecto al funcionamiento de nuestra mente y al desarrollo de ese potencial prácticamente ilimitado que todos tenemos.

He de decir que confío en tu potencial y tus capacidades exactamente del mismo modo que lo hago en los míos propios. Todos tenemos unas capacidades absolutamente increíbles, únicamente limitadas por la programación que hemos ido adquiriendo con el paso de los años.

Las opiniones y creencias de nuestros padres, profesores, hermanos, amigos, líderes religiosos, etc., incluso aquellas que hemos recibido por los medios de comunicación, sin olvidar las experiencias que hemos vivido, nos han ido moldeando y han configurado nuestro carácter y personalidad.

Pero nosotros somos mucho más que eso. Nuestro potencial es mucho más grande de lo que realmente estamos utilizando. Imagina por un momento que te atan los pies con una cuerda y te piden que camines o que intentes correr. Evidentemente, tendrás enormes dificultades para avanzar con rapidez. Pues bien, esa es nuestra realidad. Cargamos con multitud de creencias limitantes y bloqueos emocionales que nos impiden brillar y correr a toda velocidad.

En este libro descubrirás cómo funciona nuestra mente, tanto a nivel consciente como a nivel no consciente, pero sobre todo aprenderás cómo comunicarte con tu subconsciente y reprogramarlo para librarte de esa enorme coraza que te impide brillar intensamente.

Todos estamos continuamente programando nuestras propias mentes y las de los que nos rodean. Sin ser conscientes de ello, estamos generando y transmitiendo determinadas informaciones que condicionarán nuestras respuestas futuras. Cuando les decimos a nuestros hijos que tengan cuidado al subir a un columpio porque se pueden caer, que vayan con precaución con los perros porque les pueden morder, que no valen para nada porque han suspendido un examen, que no se merecen que les compremos un helado porque no se han comportado como nosotros queríamos, etc., los estamos programando con todo tipo de miedos, inseguridades y creencias limitantes que les impedirán sacar todo su potencial en el futuro.

Al igual que para reparar un electrodoméstico no basta con saber usar un destornillador, un martillo o una llave inglesa, para cambiar nuestra forma de ver o de interpretar el mundo, no basta con aprender una determinada técnica. Realizar un cambio de ese tipo requiere saber plantear la cuestión, definir claramente el objetivo, conocer los cambios que se deben realizar y, por supuesto, asegurarse de que esos cambios una vez realizados son suficientes para conseguirlo. En el símil del electrodoméstico es como saber las piezas que deben ser sustituidas o reparadas y en qué orden, y por último, realizar la comprobación final de que el aparato vuelve a funcionar.

La historia de este libro comenzó en el año 2009. Por aquel entonces mi vida no tenía nada que envidiar a la de cualquier otro ejecutivo, con un salario más que digno y una destacable posición social. Para muchos mi vida podría parecer perfecta, pero no era feliz. Tenía la sensación de vivir una vida programada por la sociedad. Mis decisiones eran las decisiones lógicas que cualquiera tomaría estando en mi lugar.

Fue en ese año 2009 cuando decidí cambiar de profesión, lo que me llevaría a transformar radicalmente mi vida y a encontrar mi verdadera misión. Adopté la profesión de SER FELIZ y decidí convertirme en un experto en mi propia felicidad y la de los demás.

El camino que emprendí me llevó a conocer distintas partes de una realidad que para mí era totalmente desconocida. Conocí de primera mano la realidad energética de la que formamos parte. Descubrí el gran poder que nuestra mente subconsciente tiene en la creación de nuestra realidad. Entendí el papel que juegan nuestras creencias y emociones en nuestro día a día. Experimenté con un sinfín de técnicas que nos permiten acceder al subconsciente. Y por último, comprendí que esa supuesta sombra a la que Carl Gustav Jung se refería cuando hablaba de nuestra mente no consciente es en realidad nuestra amiga, que está accesible para darnos toda la información que precisamos y cambiar todo aquello que deseemos.

Lo queramos o no, nuestra forma de comportarnos, de razonar, de reaccionar, o incluso de pensar, está programada. Podríamos decir que en un altísimo porcentaje de nuestro tiempo somos autómatas. Reaccionamos de forma automática ante las circunstancias basándonos en las creencias que tenemos interiorizadas.

Quizás conozcas o utilices técnicas como la programación neurolingüística, la PSYCH-K, el método Silva, la EFT, la EMDR, la biodescodificación, etc. Si es así, seguro que habrás visto transformaciones asombrosas, pero también te habrás encontrado con personas a las que no les ha funcionado.

Aquí descubrirás los motivos que conducen a estas situaciones, y lo más importante, aprenderás cómo llevar a cabo transformaciones exitosas en todos los casos.

Estás ante un libro que te permitirá juntar todas las piezas del puzle y utilizarlas por medio de una metodología de trabajo específica, que te permitirá obtener resultados de forma fácil, rápida y, especialmente, sin sufrir.

En el capítulo «El mapa de la mente», te muestro el papel que juegan nuestra mente consciente, nuestra mente no consciente, nuestro cerebro, nuestras emociones y nuestras creencias. Todos estos elementos conforman el puzle que debemos entender para poder abordar con garantías cualquier transformación.

El capítulo «Test Muscular» te permitirá aprender múltiples técnicas para comunicarte fácilmente con tu subconsciente, para que le puedas preguntar todo cuanto desees. Los test musculares que aprenderás en este capítulo son los más sencillos que puedes encontrar, y están diseñados para no necesitar acompañamiento mientras se utilizan.

«Liberación de Bloqueos Emocionales» te mostrará dos caminos simples y rápidos para deshacerte de cualquier tipo de bloqueo emocional, con independencia de su origen o del número de emociones que lo compongan. Se trata de las técnicas más seguras, y en el caso del RESET EMOCIONAL, incluso la más rápida que puedes encontrar para liberar bloqueos emocionales.

En «Programación de Creencias» aprenderás a programar creencias individuales y también grupos de creencias, lo que te permitirá ir mucho más rápido en los procesos de transformación.

El capítulo «Método INTEGRA» te mostrará toda la metodología, desde el planteamiento del objetivo hasta la verificación final, pasando por todos los elementos necesarios para llevar a cabo la programación.

Lo más importante de este libro es la metodología en sí. Pese a ello, cada capítulo, con las técnicas que contiene, exclusivas del método INTEGRA, es un valioso tesoro por sí mismo.

Las cosas son siempre fáciles y simples, y si no lo veo así es que todavía me falta información.

Esta es una de mis frases preferidas, y la repito frecuentemente. Entenderás que pensando así, todo lo que te mostraré a continuación responde a esta forma de pensar. De lo contrario no sería coherente, y esta es otra de mis máximas:

Para ser feliz, debe haber coherencia en todo lo que hago, digo, pienso y siento.

Cualquiera, con independencia de su origen o de su nivel social, de estudios o económico, podrá entender el puzle, y lo más importante, podrá aprender a transformar su vida en el sentido que quiera.

Una vez montado este puzle, y con anterioridad a la escritura de este libro, decidí aplicar estos conocimientos en la optimización de los procesos formativos. La formación tradicional ignora, o en el mejor de los casos subestima, el poder real y la responsabilidad que nuestra mente subconsciente tiene en la creación y el mantenimiento de nuestros hábitos. Decidí, por lo tanto, abordar directamente la transformación de hábitos por medio de la transformación a nivel subconsciente. De este modo nacieron mis tres últimos libros (*Un Curso de Felicidad*, *Apunta Alto* y *El Alma de la Salud*), así como los diferentes cursos que ofrecemos en la Organización Método INTEGRA y que imparten centenares de instructores acreditados por todo el mundo.

En *Un Curso de Felicidad* utilizamos el método INTEGRA para realizar la transformación necesaria que nos permita alcanzar ese estado de paz, amor, equilibrio y coherencia interior que para mí es la felicidad.

Apunta Alto te abre a explotar una buena parte de ese gran potencial que todos tenemos. En concreto, te lleva a desarrollar los siete hábitos de la gente altamente efectiva, que magistralmente definió Stephen Covey.

El *Alma de la Salud* te acompaña en un proceso de descubrimiento y de transformación interior, que te permite conocer los múltiples elementos que determinan nuestra salud y generar los cambios necesarios a nivel subconsciente para desarrollar hábitos saludables.

A diferencia de mis anteriores libros, dirigidos a la transformación del lector, el que está en tus manos tiene como objeto aprender a afrontar cualquier problema u objetivo desde el punto de vista de la transformación a nivel subconsciente, y con total garantía de éxito.

Si has leído y aplicado alguna de mis anteriores obras, observarás que en esta voy un paso más allá, aportando técnicas, tanto para la liberación de bloqueos emocionales como para la programación de creencias, todavía más sencillas y rápidas. La imagen mental que tengo es como si pasáramos de escribir y leer fijándonos letra por letra a hacerlo fijándonos directamente en las palabras o incluso las frases.

Concédete tiempo y espacio durante la lectura de este libro, a fin de poder experimentar y observar tu propio proceso con actitud abierta y curiosidad. Piensa que de poco o nada te servirá leerlo si no pones en práctica las técnicas y la metodología que incluye. Tienes mucho que ganar, y muy poco que perder. Date una oportunidad, y verás la satisfacción que te genera.

Aunque es un libro escrito para el público en general, a los terapeutas, psicólogos, *coaches* y otros profesionales de la salud les resultará muy valioso, no únicamente para su propio desarrollo personal, sino también para su trabajo. Al leerlo, y especialmente al ponerlo en práctica, descubrirás que es posible experimentar un cambio rápido y profundo, incluso aunque hayas sufrido intensamente durante muchos años.

Recientemente me realizaron una entrevista para una revista alemana que considero complementa a la perfección esta introducción. Es por ello por lo que me gustaría finalizar con la transcripción de esa entrevista:

¿Quién es Ricardo Eiriz?

Soy una persona normal y corriente, que disfruta con todo lo que hace, y que dedica su vida a ayudar a que las personas saquen todo su potencial y sean felices.

Usted es el creador del método INTEGRA; ¿en qué consiste?

El método INTEGRA es una metodología de transformación a nivel subconsciente, que permite la resolución de cualquier tipo de conflicto o alcanzar cualquier objetivo. Con un enfoque directo y selectivo, permite al individuo llevar a cabo la transformación necesaria para cambiar su forma de interpretar lo que sucede alrededor y generar unos patrones de comportamiento acordes con esa nueva interpretación.

¿De dónde surge el método INTEGRA?

Tras dedicar varios años a estudiar buena parte de las muchas técnicas de transformación a nivel subconsciente que tenemos a nuestra disposición, entendí por qué funcionaba cada una de las técnicas, así como sus puntos fuertes y sus carencias. Entendí cómo funciona nuestra mente subconsciente, y cuáles son los elementos clave que deben estar presentes en cualquier proceso de transformación, si queremos que esa transformación sea duradera.

¿Cuáles son esos elementos clave?

El primero es la liberación de bloqueos emocionales. Si no somos capaces de liberar los bloqueos emocionales con los que cargamos, y que están relacionados con nuestro problema, difícilmente lo llegaremos a solucionar.

El segundo...

El segundo es la activación cerebral. Ambos hemisferios del cerebro son imprescindibles para desarrollar todo nuestro potencial. Por mucho que intentemos establecer en nuestro subconsciente una nueva creencia, si no tenemos activado todo nuestro cerebro para esa creencia, no seremos capaces de grabarla en él.

Y el tercero...

El tercer elemento pasa por grabar las creencias que nos llevarán directamente a alcanzar el objetivo. Si nuestras creencias, que son las que dirigen nuestras decisiones a nivel subconsciente, no están alineadas con eso que queremos conseguir, nos llevarán en otra dirección, de modo que nunca alcanzaremos el objetivo.

Entonces, en el método INTEGRA se trabajan todos estos elementos

Efectivamente, se tienen todos ellos en cuenta, y además utilizando técnicas muy simples y con resultados prácticamente inmediatos.

Hablando de resultados, ¿qué tipo de resultados se pueden obtener?

Resultados de todo tipo, como por ejemplo recuperar la confianza en uno mismo, aumentar la autoestima, eliminar miedos o fobias, mejorar las relaciones con los demás y con uno mismo, deshacerse de todo tipo de adicciones, acabar con la ansiedad, el estrés o la depresión, perder peso, o alcanzar cualquier otro objetivo. Hay médicos y terapeutas que también lo utilizan para crear salud y acelerar los procesos de recuperación en todo tipo de patologías.

Pongámonos en situación ¿en qué consiste una transformación basada en el método INTEGRA?

En primer lugar, siempre partimos del resultado que buscamos. Tener claro ese resultado es lo que nos permitirá definir correctamente el proceso. A partir de ahí, definimos las creencias que nuestro subconsciente necesita para llevarnos directamente a ese resultado. El siguiente paso consiste en liberar los bloqueos emocionales que tenemos que nos impidan alcanzar ese resultado, o que nos han llevado a la situación en que nos encontramos. Una vez hecho esto, es el momento de grabar todas esas creencias definidas previamente, asegurándonos de tener todo nuestro cerebro activado para poder grabarlas de forma efectiva.

¿Me está diciendo que el subconsciente no es esa sombra o ese gran desconocido que se nos acostumbra a decir?

Para muchos sí que lo es, y por eso hablan de él de ese modo, pero realmente cuando entiendes su forma de funcionar y eres consciente de que forma parte de la realidad energética de la que todos formamos parte, es muy fácil comprenderlo. Y una vez lo entendemos, es muy sencillo acceder a él y reprogramarlo a placer.

¿Está usted hablando de que debemos reprogramarnos?

Correcto. Una frase que acostumbro a decir es que debemos pasar del terapeuta al programador. Nosotros actuamos basándonos en la programación que llevamos dentro en forma de creencias y bloqueos emocionales, de modo que si queremos cambiar nuestro comportamiento, el camino más fácil es modificar esa programación. Y para hacerlo no es necesario saber el porqué de la programación que tenemos actualmente. Basta con definir la nueva.

Pero ya hay muchas técnicas que nos permiten acceder a esos niveles del subconsciente, como el método Silva, la programación neurolingüística, la EFT y otras. ¿Cuál es el factor diferencial del método INTEGRA?

Con el método INTEGRA abordamos la totalidad de esa programación que necesitamos para llevar a cabo transformaciones definitivas, y además utilizando técnicas que nos permiten hacerlo de forma rápida, fácil y segura. Técnicas hay muchas, y cada una puede aportar algo en un momento concreto del proceso, pero según mi experiencia, ninguna permite abordar el proceso en su totalidad. Además, no todas son igual de sencillas, ni permiten obtener resultados con la misma rapidez. Y lo más importante, con el método INTEGRA nos aseguramos de que el resultado se alcance, ya que es nuestro subconsciente el que nos lo indica.

En los diversos libros que tiene publicados, ¿enseña este método?

En el Curso Método INTEGRA sí que lo enseñamos, pero por lo general tanto mis libros como los cursos que impartimos van dirigidos a la transformación de la persona, a alcanzar objetivos concretos. Por ejemplo, *Un Curso de Felicidad* va dirigido a lograr un estado de paz, serenidad y equilibrio interior; *Apunta Alto* permite interiorizar los siete hábitos de la gente altamente efectiva, de modo que sea el subconsciente de cada cual el que automáticamente lo lleve por ese camino, y *El Alma de la Salud* permite desarrollar hábitos alineados con la creación de salud en todo momento.

¿Y usted se dedica a ir por el mundo enseñando su método?

Esa es una de las actividades a las que me dedico. Y me encanta. Mi objetivo es ayudar a millones de personas a conocer esa realidad y a asumir el control de su propia vida. Para ello, no tan solo soy yo quien va por el mundo enseñando este método, sino que hay instructores acreditados en muchos países a lo largo y ancho del planeta para poder enseñar el método INTEGRA e impartir los distintos cursos en los que se utiliza.

¿Y en Alemania también hay instructores?

En Alemania, y también en España, México, Perú, Colombia, Argentina... En la página web de la Organización Método INTEGRA, www.metodointegra.com, puedes encontrar algunos de estos instructores.

¡Que alcance pronto su objetivo!

Muchas gracias.

1

EL MAPA DE LA MENTE

Convertir lo simple en complicado está al alcance de todos; convertir lo complicado en simple, asombrosamente simple: eso es creatividad.

CHARLES MINGUS

Fueron muchas las horas de estudio y experimentación con decenas de técnicas de reprogramación a nivel subconsciente las que me permitieron entender cómo y por qué funciona nuestra mente del modo en que lo hace.

Durante años me dediqué a analizar y experimentar con más de cincuenta técnicas de acceso al subconsciente, con la intención de entender varias cuestiones que para mí eran fundamentales:

¿De qué modo lleva a cabo esa programación cada técnica?
¿Qué hace que funcione cada técnica?
¿Qué elementos transforma realmente cada técnica?
¿Por qué hay casos en los que no se alcanza el objetivo?

Este proceso me permitió entender el mapa de la mente y juntar todas las piezas del puzle. El resultado es algo totalmente simple y lógico, como verás a continuación. Las piezas encajan a la perfección, y de hecho podríamos reemplazar muchas de estas piezas por otras.

Lo primero que comprendí es que la mente no es un campo restringido a los psicólogos y psiquiatras. Todos estamos constantemente modificando nuestras propias mentes y las de los demás a través de lo que decimos y hacemos. Ya sea de forma activa o pasiva, sin conocimientos específicos y, por supuesto, sin titulación alguna que nos «faculte» para hacerlo, estamos continuamente programando nuestras mentes en el nivel subconsciente.

Todos estamos constantemente modificando nuestras propias mentes y las de los que nos rodean a través de lo que decimos y hacemos, especialmente en el caso de los niños.

También alcancé a comprender el papel que juega nuestro cerebro en todo este proceso, no como protagonista principal, pero sí como pieza imprescindible en el engranaje para alcanzar el resultado deseado.

Llegado a este punto, me hice consciente de que ninguna de las técnicas estudiadas aborda directamente todos los elementos imprescindibles para alcanzar una transformación duradera y tener éxito en cualquier situación: liberación de bloqueos emocionales, integración cerebral y transformación de creencias.

Las técnicas que se enfocan en la liberación de bloqueos emocionales confían en que dicha liberación abrirá la puerta a una transformación espontánea de nuestras creencias; pero eso no siempre se produce. De hecho, muchas de nuestras creencias limitantes no tienen un componente emocional, y aun así dirigen nuestras respuestas y conductas.

Las técnicas que abordan la transformación por medio de la reprogramación de creencias ignoran el papel de las emociones, y mayoritariamente también el de nuestro cerebro. De hecho, como verás, la transformación de creencias es mucho más simple, fácil y directa de como se acostumbra a enfocar.

Por su parte, los ejercicios de integración y activación cerebral pasan por alto algo tremendamente poderoso, nuestra intención, por lo que sacamos mucho menos partido del que podríamos a este tipo de ejercicios.

El método INTEGRA incorpora todos estos elementos, cada uno en el momento en que es preciso, para alcanzar del modo más efectivo posible el resultado perseguido.

La mejor noticia que podríamos recibir es que, con la misma facilidad que programamos nuestro subconsciente de forma involuntaria o inconsciente, podemos programarlo de forma consciente. Y eso es lo que aprenderás a hacer utilizando el método INTEGRA.

Siempre he sido una persona eminentemente práctica. Lo que me interesa es el resultado. Al entender que tenemos diversos caminos para alcanzarlo, toda mi atención, así como el desarrollo posterior del método INTEGRA, se ha enfocado en la obtención de ese resultado de un modo fiable, fácil, rápido y sin sufrimiento.

El presente capítulo te permitirá entender cómo funcionamos y desde dónde se dirige realmente nuestra vida, configurando nuestra realidad.

Por lo general, somos poco, o nada, conscientes del poder y la responsabilidad que tiene sobre nuestras vidas la mente subconsciente. Tendemos a darle mayor relevancia al papel de nuestra mente consciente, e intentamos resolver todos nuestros problemas por medio de esta.

Esta situación nos lleva a darles vueltas a los problemas, a buscar entender las razones por las que presentamos un determinado comportamiento o a tratar de resolver nuestros problemas centrando nuestra atención consciente en el desarrollo de comportamientos o hábitos diferentes.

Actuando de este modo, estamos ignorando por completo los múltiples estudios realizados por científicos de todo el mundo, en los que se demuestra que nuestras decisiones son tomadas antes de que la consciencia las formule, o lo que es lo mismo, antes de que seamos conscientes de que vamos a tomar dichas decisiones.

Consciente e inconsciente son totalmente necesarios y complementarios para el correcto desarrollo de nuestra vida, y presentan responsabilidades, funciones y características claramente diferenciadas, como veremos a continuación.

Los verdaderos cambios en nuestra forma de actuar, de comportarnos o incluso de sentir requieren de una transformación tanto a nivel consciente como inconsciente.

Habrás observado que utilizo indistintamente los términos «subconsciente», «inconsciente» y «no consciente». Pese a que en psicología se define cada uno de estos términos de forma específica y diferenciada, personalmente considero que esa diferenciación aporta un nivel de complejidad totalmente innecesario, tanto en la comprensión como en la transformación. Nuestra vida en este plano está regida simplemente por una mente consciente y una mente «no consciente».

LA MENTE CONSCIENTE

La mente consciente es la más conocida. Es la mente lógica o racional, que nos permite conocernos a nosotros mismos y al mundo que nos rodea.

Por medio de nuestra mente consciente podemos analizar cualquier situación y tomar decisiones razonadas, valorando todos los datos, calculando riesgos y oportunidades y estableciendo argumentos a favor y en contra.

En ella residen nuestra creatividad y nuestra capacidad analítica, de abstracción y de síntesis. Nos permite plantearnos objetivos y definir el mejor camino para alcanzarlos, prestando atención a todos los detalles y también retroceder en el tiempo y analizar experiencias pasadas.

La mayoría vivimos centrados en la mente consciente y nunca prestamos atención a la mente subconsciente, que como veremos, es la verdadera responsable del camino por el que transcurre nuestra vida.

Para entenderlo con mayor facilidad, lo que pasa por nuestra mente consciente es aquello en lo que pensamos en cada instante. Todo aquello que hacemos sin pensarlo, escapa a la responsabilidad de nuestra mente consciente.

Si vamos a cruzar la calle y conscientemente miramos a los lados para observar si viene algún vehículo, y basándonos en esa información, tomamos la decisión de cruzar o no, lo estamos haciendo por medio de nuestra mente consciente. Si ante la misma situación, nuestro pensamiento está ocupado con otro tema, por ejemplo una conversación con un amigo, podemos mirar a los lados y cruzar o no en función de lo que hayamos observado, aun no tomando conscientemente esa decisión. En este segundo caso, es directamente nuestro subconsciente el responsable de nuestra decisión y de la consiguiente acción de cruzar o esperar.

Otro ejemplo es el de la comunicación. Por medio de nuestra mente consciente controlamos lo que decimos a través de nuestro lenguaje verbal, dejando, por lo general, en manos de nuestro subconsciente el lenguaje no verbal, aquello que transmitimos con nuestra comunicación corporal, nuestros gestos, nuestros movimientos oculares, nuestro tono de voz, etc.

En definitiva, nuestra mente consciente nos proporciona unas capacidades enormes, que marcan la diferencia fundamental con el resto de los seres que habitan nuestro planeta.

Ahora bien, la capacidad de proceso de nuestra mente consciente está limitada por el lugar físico donde reside, el lóbulo prefrontal del cerebro, que es de tan solo cuarenta impulsos nerviosos por segundo. Esta capacidad de proceso nos permite realizar únicamente entre uno y tres eventos al mismo tiempo, o lo que es lo mismo, físicamente nos resulta imposible pensar en más de tres cosas a la vez.

Nuestra mente consciente es el capitán del barco, quien lleva el timón y establece el rumbo por el que deseamos que navegue nuestra vida.

LA MENTE SUBCONSCIENTE

La mente subconsciente, o inconsciente (como ya he dicho, para mí es lo mismo), es una gran desconocida para la mayoría. No en vano, Carl Gustav Jung, figura clave en la historia del psicoanálisis, hablaba de la sombra a la hora de referirse al aspecto inconsciente de la personalidad. A buen seguro, de vivir en la actualidad, no se hubiera referido al subconsciente en los mismos términos.

La mente subconsciente es reactiva; se limita a repetir siempre las mismas respuestas a las señales que recibe. Al ser de naturaleza refleja, sus actos no están controlados por la razón o el pensamiento, lo que nos evita ser conscientes de todo lo que hacemos: respirar, masticar, parpadear, hacer la digestión, caminar, estornudar, conducir, crear nuevas células, combatir virus y bacterias, etc.

La mente subconsciente es una gran amiga que, entre otras, dirige las funciones biológicas y motrices que nos mantienen vivos y nos proporcionan movilidad, y las realiza automáticamente para que nosotros podamos enfocar nuestra atención en otros asuntos. Es la responsable directa del equilibrio de nuestro organismo.

Muchas de las funciones y reacciones generadas por nuestra mente subconsciente son totalmente ajenas a nuestro cerebro, y por lo tanto a nuestra mente consciente, tal como veremos más adelante. Uno de los muchos ejemplos que podría dar es el reflejo rotuliano (la respuesta involuntaria de la rodilla). El estímulo que se produce al golpear la rótula viaja al asta anterior de la médula espinal y luego vuelve a la rótula, provocando la respuesta de la patada sin que el cerebro intervenga en ningún momento.

Nuestra mente subconsciente es nuestro piloto automático, que nos dirige hacia la manifestación de una determinada realidad, por medio de la repetición de ciertos patrones de comportamiento.

La mente subconsciente es mucho más poderosa que la mente consciente. Su capacidad de proceso es de veinte millones de impulsos nerviosos por segundo, lo que, en comparación con los cuarenta de la mente consciente, le confiere capacidades totalmente diferenciadas, como poder encargarse de miles de eventos al mismo tiempo o trabajar las veinticuatro horas del día durante todos los días de nuestra vida.

El subconsciente actúa siempre desde el momento presente, examinando detenidamente el mundo que nos rodea y las señales externas, percibiendo las condiciones del entorno y reaccionando de inmediato con un comportamiento previamente adquirido, sin participación alguna de la mente consciente y sin hacer juicios ni preguntas.

Mientras ocupamos nuestra mente consciente con pensamientos de cualquier tipo, o mientras dormimos, es nuestra mente subconsciente la que está al mando de nuestro cuerpo y de todas nuestras funciones y reacciones. Es la responsable de mantenernos con vida.

El subconsciente actúa según la información de que dispone. Todas nuestras experiencias vitales se almacenan, como si de un disco duro regrabable se tratase, para ser utilizadas posteriormente al determinar nuestra respuesta ante estímulos similares.

El subconsciente no juzga, no espera a realizar un análisis de la situación, no distingue el bien del mal ni lo correcto de lo incorrecto. Simplemente actúa como respuesta a los estímulos que recibe. Y teniendo en cuenta que más del noventa y cinco por ciento de nuestras decisiones, acciones, emociones y conductas provienen de nuestro subconsciente, si nuestras percepciones o aprendizajes no han sido correctos, nuestras respuestas tampoco lo serán.

Nuestras respuestas a los estímulos externos están controladas por las percepciones e ideas que a lo largo de nuestra vida se han convertido en creencias.

Al contrario de lo que ocurre con nuestra mente consciente, donde podemos controlar nuestra atención y nuestros pensamientos, a nivel subconsciente ese control no existe. La reacción ante cualquier estímulo es automática.

La suerte es que podemos cambiar la programación que utiliza nuestro subconsciente. Podemos reprogramar nuestro piloto automático a voluntad.

En la actualidad sabemos que el subconsciente es accesible y moldeable. Sabemos que tenemos la capacidad de preguntarle por la información que utiliza para tomar sus decisiones, e incluso preguntarle cuál es el mejor camino para realizar una determinada transformación. Sabemos que podemos reprogramar cualquier tipo de información que nuestro subconsciente utilice, y que para ello no son necesarias máquinas potentes ni profundos conocimientos científicos. De hecho, todos y cada uno de nosotros lo hacemos de forma espontánea a diario.

En 1962, en Japón, se hizo un estudio con un grupo de trece niños altamente alérgicos a la hiedra venenosa. Los investigadores les frotaron el antebrazo con una hoja de esa planta, pero les dijeron que la hoja era inofensiva. Luego les frotaron el otro antebrazo con una hoja inofensiva asegurándoles que era hiedra venenosa. A todos los niños les salió un sarpullido en el brazo donde les aplicaron la hoja que ellos creían que era hiedra venenosa, pese a ser inofensiva. A once de los trece niños no les salió ninguna erupción en el brazo donde les habían frotado la hiedra venenosa.

Son muchos los estudios similares al anterior, realizados por todo el mundo, en los que se demuestra el poder de nuestro subconsciente en la creación de nuestra realidad física, de nuestra biología, de nuestras capacidades intelectuales, de nuestro comportamiento, etc.

Durante años se ha intentado acceder al subconsciente por medio de nuestra mente consciente, con la esperanza de que el conocimiento y la racionalización de nuestros comportamientos abrieran la puerta a la transformación del individuo. Como es lógico, este camino no ha llevado a ninguna parte. Basta observar la gran diferencia de frecuencia energética en la que funcionan una y otra (cuarenta hercios la mente consciente y veinte millones de hercios la mente subconsciente) para entender que entre ellas no existe prácticamente interferencia alguna.

Por mucho que pongamos una determinada intención a nivel consciente, si no somos capaces de llevar la energía de esa intención hasta los niveles de frecuencia en los que se mueve nuestro subconsciente, difícilmente podremos realizar una transformación en ese nivel.

Imagina que enciendes casualmente la luz de una habitación. A partir de ese momento comienzas a pensar el motivo por el que se ha encendido la luz. Puedes pasar toda la vida pensando y analizando, poniendo tu intención consciente en que la luz se apague, y en el mejor de los casos llegarás a entender el proceso por el cual activaste accidentalmente el interruptor. Esto te puede evitar en el futuro volver a encenderla sin que esa fuese tu intención, pero no te llevará a apagar la luz. Si realmente deseas apagar la luz, con independencia del motivo «accidental» que te llevó a encenderla, lo que debes hacer es mover tus músculos y activar en sentido contrario el interruptor.

Tanto nuestro subconsciente como el interruptor que activa la luz de la habitación se encuentran en niveles totalmente distintos al de nuestra mente consciente. Si no somos capaces de llevar nuestro pensamiento consciente al nivel correspondiente, si no somos capaces de convertir nuestro pensamiento en *acción*, difícilmente alcanzaremos el objetivo.

EL PAPEL DEL CEREBRO

Los cientos de millones de dólares destinados a la investigación del cerebro, tanto en Estados Unidos como en Europa, nos han llevado a conocer a la perfección cómo y cuándo se activa cada área cerebral. Ahora conocemos en detalle ese procesador que llevamos en nuestras cabezas.

El cerebro humano está compuesto por unos cien mil millones de neuronas, y admite diversas divisiones de acuerdo con distintos criterios: evolutivos, de desarrollo, físicos, funcionales, etc. A efectos de lo que nos interesa para entender el papel del cerebro en su relación con la mente, tan solo vamos a observarlo desde la perspectiva de los hemisferios cerebrales.

Físicamente el cerebro humano se divide en dos hemisferios, derecho e izquierdo, con funciones y capacidades diferenciadas.

El hemisferio izquierdo controla el lado derecho del cuerpo, y el hemisferio derecho controla el lado izquierdo. El primero piensa, utiliza el lenguaje y resuelve problemas, y el segundo es intuitivo y emocional e interviene en las funciones corporales.

El hemisferio izquierdo nos aporta la lógica y el razonamiento. Es el responsable de que podamos escribir, analizar, abstraer, categorizar, emitir juicios, tener memoria verbal, utilizar símbolos y comprender las matemáticas.

El hemisferio derecho nos dota de percepción holística. De él parte nuestra intuición, y es donde se generan las visiones o revelaciones creativas. Además, nos permite sintetizar, visualizar, reconocer patrones, relacionar las cosas con el tiempo presente o generar sensaciones y percepciones.

Acordarse del nombre de una persona depende del hemisferio izquierdo mientras que recordar su rostro depende del derecho. Leer un libro que explique cómo jugar al tenis es función del hemisferio izquierdo, pero sentir cómo la pelota impacta en la raqueta lo es del hemisferio derecho.

Cuando se apoderan de nosotros las emociones y somos incapaces de pensar con claridad, es porque ha tomado las riendas el hemisferio derecho; cuando somos excesivamente analíticos y nos desvinculamos de nuestras emociones, estamos anclados en el hemisferio izquierdo, y en los momentos en que nos sentimos integrados y pensamos y actuamos con fluidez, el hemisferio derecho y el izquierdo interactúan entre sí con total eficiencia.

Sacar todo el potencial que tenemos requiere del correcto desarrollo de ambos hemisferios, de su sincronización e integración. Ambos son complementarios y totalmente necesarios; las conexiones neuronales que engloban ambos hemisferios son las que permiten desarrollar todo nuestro potencial.

Por su parte, cada hemisferio cerebral está dividido en cinco lóbulos: frontal, parietal, temporal, occipital y la ínsula, este último no visible exteriormente.

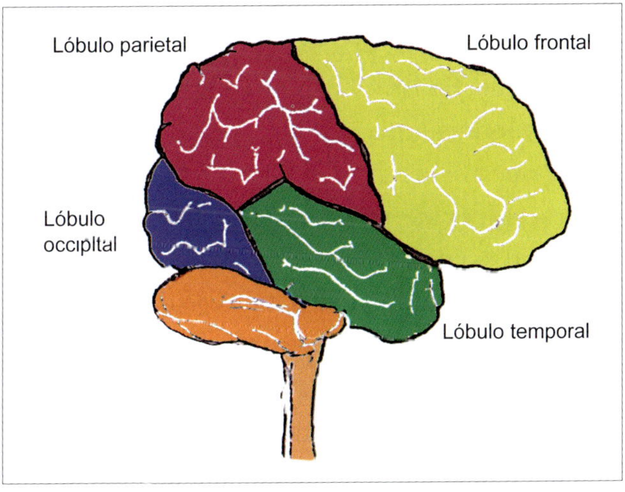

Figura 1. Lóbulos del cerebro

Nuestra mente consciente se ubica en el córtex prefrontal del cerebro (parte anterior de los lóbulos frontales) y está totalmente condicionada por las características físicas, de activación y desactivación de nuestras neuronas, y nuestras conexiones neuronales.

La mayor o menor activación de nuestro cerebro, así como el nivel de interconexión entre ambos hemisferios, depende de las conexiones neuronales que tenemos activadas. La buena noticia es que las conexiones neuronales se pueden desarrollar en cualquier momento de nuestra vida, con independencia de la edad, incluidas las conexiones que integran y equilibran ambos hemisferios. Es lo que se denomina neuroplasticidad.

Sacar el máximo partido de nuestra mente consciente pasa por desarrollar nuestro cerebro, generando nuevas conexiones neuronales. Enfrentarse a situaciones nuevas, adquirir nuevos conocimientos, practicar deportes diferentes a los que habitualmente practicamos, leer libros de distintas temáticas o recorrer otros caminos para llegar a los mismos sitios son algunos ejemplos de actividades que nos permiten desarrollar nuestro cerebro.

El procesador de nuestra mente consciente reside en los lóbulos prefrontales. Es en ese punto donde se procesan todos nuestros pensamientos, para luego expandirse esta información al resto del cerebro, como paso previo a la ejecución de los comportamientos que decidimos tener.

Cualquier tipo de meditación nos permite bajar las frecuencias cerebrales y alcanzar niveles de percepción más sutiles, en los que intervienen distintas áreas del cerebro. Este camino es perfecto para desarrollar en mayor medida nuestras capacidades mentales.

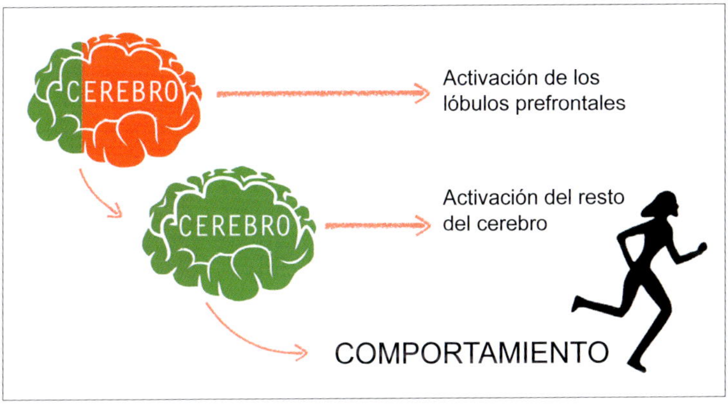

Figura 2. Funcionamiento de la mente consciente

Por otra parte, el procesador de nuestra mente subconsciente está en el corazón, tal como nos indica, entre otros, el biólogo Bruce Lipton y demuestran múltiples estudios neurológicos.

Las investigaciones más recientes en el ámbito de la neurología demuestran que nuestras respuestas emocionales e instintivas, aquellas generadas por nuestra mente subconsciente, son identificadas en nuestro corazón décimas de segundo antes de ser percibidas en nuestro cerebro.

Esas decisiones y respuestas pasan del corazón al cerebro, responsable de procesarlas y de enviar las órdenes oportunas para que se ejecuten allá donde corresponda. El cerebro actúa en este caso como el procesador de un automóvil, que tras recibir la señal de acelerar o de frenar lanzada por el conductor, activa los sistemas necesarios para que se ejecute la orden.

Figura 3. Funcionamiento de la mente subconsciente

Las órdenes enviadas por nuestra mente subconsciente parten del corazón y llegan hasta el hemisferio derecho del cerebro. Sin embargo, el sistema límbico es la parte cerebral que primero recibe esta información, motivo por el cual se lo relaciona habitualmente con nuestro lado emocional y con el subconsciente.

Las conexiones neuronales existentes en nuestro cerebro permitirán o no que se ejecuten determinadas órdenes. Si, por ejemplo, no tenemos conexiones neuronales que integren ambos hemisferios en un determinado ámbito, no podremos ejecutar órdenes que desarrollen todo nuestro potencial en dicho ámbito. De hecho, aunque en un principio pudiéramos intentar generar dichas órdenes, pasado poco tiempo, ni siquiera se generarán, al haber grabado las creencias que nos llevan a no reaccionar de ese modo.

Nuestras conexiones neuronales y el nivel de integración de nuestro cerebro determinan el terreno de juego en el que nos desarrollamos.

Gracias a la plasticidad del cerebro, que permite establecer nuevas conexiones neuronales en cualquier momento de nuestra vida, el neurocientífico Jeffrey L. Fanning ha podido demostrar que la activación de conexiones neuronales que integran ambos hemisferios puede lograrse por medio del establecimiento de creencias potenciadoras. Este tipo de creencias, de las que hablaré posteriormente, en el momento en que son grabadas, generan conexiones neuronales que integran ambos hemisferios, permitiendo de este modo su posterior puesta en práctica, tanto para nuestra mente consciente como para la subconsciente.

Establecer creencias potenciadoras nos lleva a generar nuevas conexiones neuronales, especialmente aquellas que integran ambos hemisferios del cerebro.

Personalmente considero que se dedican demasiados recursos a estudiar el cerebro, el procesador, y muy pocos a estudiar el subconsciente, el que realmente envía las órdenes. Es como el borracho que busca las llaves bajo la farola, porque allí hay luz, cuando realmente las ha perdido a cientos de metros de distancia.

Nuestro cerebro resulta fácil de estudiar, ya que la tecnología necesaria para captar frecuencias de hasta cuarenta hercios es relativamente económica y fácil de encontrar. Por el contrario, las frecuencias energéticas en las que se desarrolla nuestro subconsciente, veinte millones de hercios, requieren tecnologías más costosas, y consecuentemente hay menos oportunidades para abordar su estudio.

LAS MEMORIAS CELULARES

Las memorias celulares se componen de toda esa información almacenada en nuestras células, en forma de frecuencias vibratorias. Se trata de todas nuestras creencias y bloqueos emocionales, utilizados por la mente subconsciente para determinar nuestras respuestas *automáticas*.

Nuestras memorias celulares son las responsables de guiar nuestras vidas y materializar nuestros destinos. Son las responsables de las acciones, reacciones y decisiones de nuestra mente subconsciente en nuestro día a día. Son las responsables de todos nuestros hábitos.

Las memorias celulares están compuestas por nuestras creencias y bloqueos emocionales.

Nuestras memorias celulares, correctas o incorrectas, positivas o negativas, limitantes o potenciadoras, conscientes o inconscientes... son las que dirigen nuestras actitudes y conductas, así como nuestras relaciones con los demás y con nosotros mismos, generando nuestra realidad. Son las lentes a través de las cuales interpretamos la realidad exterior y decidimos (inconscientemente) nuestras reacciones.

A estas alturas, prácticamente todo el mundo tiene asumido que son nuestras creencias, o recuerdos del inconsciente, y nuestras emociones las que dirigen nuestra vida. Nuestra mente subconsciente es la que nos lleva por caminos de placer o de dolor, la que nos dirige directamente hacia esa piedra en la que tropezamos día sí y día también. O por el contrario, nos conduce por caminos donde todo fluye y todo está bien. Y todo esto en función de nuestras creencias y bloqueos emocionales, o lo que es lo mismo, de nuestras memorias celulares.

Nuestras memorias celulares son las responsables de nuestras respuestas inconscientes a nivel emocional y actitudinal e incluso de nuestra respuesta biológica ante los acontecimientos del día a día. Representan la base de datos de la que se alimenta nuestra mente subconsciente, siendo por lo tanto las responsables de nuestra vida y nuestro destino.

Nuestras memorias celulares son las responsables de las respuestas de nuestra mente subconsciente, y por lo tanto de nuestra vida.

Una creencia es la aceptación de aquello de lo que hemos sido testigos, de aquello que hemos experimentado o conocido por nosotros mismos –incluso antes de nacer– o de aquello que nos han transmitido otros mientras no teníamos capacidad para valorarlo. Familiares, amigos, profesores, líderes de opinión, etc., están en el origen de gran parte de las creencias que tenemos y que nos condicionan en el día a día, definiendo nuestra realidad, sin ser nosotros conscientes de ello.

La historia, la religión o la ciencia están asimismo en el origen de una cantidad ingente de paradigmas y creencias que incorporamos dentro de nosotros y que pasan de unas generaciones a otras a través de la cultura y las tradiciones.

La niñez y la adolescencia son las etapas donde mayoritariamente desarrollamos nuestras creencias acerca de si merecemos ser amados y valorados, si llamamos la atención negándonos a nosotros mismos o siendo extremadamente exigentes y perfeccionistas en todo lo que hacemos, etc.

La tendencia natural es modelar nuestra conducta conforme a la de los adultos a nuestro alrededor, por lo general nuestros padres. Lo hacemos para sobrevivir en nuestro pequeño mundo, porque ellos tienen el poder de castigarnos o aceptarnos. Como la aceptación es preferible al castigo, tratamos de hacer lo que podemos para lograr su aprobación.

Cuando somos niños, lo normal es que busquemos el cariño y la atención, y de modo inconsciente haremos lo necesario para cubrir esas necesidades. Ante un padre que padece alguna enfermedad, emularlo y enfermar puede acercarnos a él. Con un padre muy exigente, el perfeccionismo podría ser el comportamiento que nos condujese hasta él. Un padre ausente puede llevarnos a desarrollar comportamientos extravagantes que llamen su atención y le hagan volver a fijarse en nosotros.

Esta forma de satisfacer nuestras necesidades siendo niños queda grabada en nuestro inconsciente, llevándonos a repetir patrones similares en todos los ámbitos de nuestra vida. Siendo niños grabamos infinidad de creencias que nos acompañarán y dirigirán nuestra vida, hasta que seamos conscientes de ellas y decidamos sustituirlas por aquellas que realmente deseamos tener.

Habitualmente, en la edad adulta, nos encontramos con comportamientos y reacciones de nosotros mismos que no nos gustan, que ya no necesitamos, pero que somos incapaces de cambiar por medio de nuestra fuerza de voluntad.

Si tenemos la creencia de que la vida es una lucha, nuestro subconsciente atraerá a nosotros circunstancias para darle veracidad a esa idea. Si lo que creemos es que la vida es injusta, injusticia es lo que encontraremos. Ante una creencia de no merecer, nuestro subconsciente nos llevará a no conseguir aquello que perseguimos.

Nuestras creencias tienen un papel clave en la forma en que construimos todo nuestro mundo. Se reflejan en nuestra manera de abordar nuestras relaciones, nuestras amistades, nuestras carreras e incluso nuestro estado de salud. Nuestro mundo no es nada más, ni menos, que un reflejo de todas nuestras creencias.

Cuando recibimos un impacto emocional, ya sea por una situación puntual que nos afecta de forma intensa o bien por una situación repetitiva con una repercusión emocional continuada, generalmente, reaccionamos de forma instintiva con el afán de protegernos. Si somos capaces de gestionar esa reacción instintiva, no hay problema. El problema se presenta cuando no gestionamos correctamente esa situación y esa emoción se queda vibrando en nuestro interior como un bloqueo emocional constante, que se amplifica y nos lleva a revivirla continuamente.

Nuestra mente subconsciente reacciona de forma automática a los estímulos recibidos del exterior, y lo hace sobre la base de esas memorias celulares que todos tenemos. Nuestras creencias y bloqueos emocionales llevan a nuestro subconsciente a desarrollar comportamientos que con el tiempo, al realizarse de forma repetitiva, se convierten en hábitos. Algunos positivos y otros negativos.

Las creencias limitantes son aquellas que ponen trabas a nuestras capacidades, que nos impiden alcanzar las metas que deseamos.

Las creencias potenciadoras son las que nos permiten desarrollar todo nuestro potencial, las que nos apoyan e impulsan directamente a conseguir el objetivo.

Basta con sustituir una de nuestras creencias limitantes por una potenciadora para cambiar nuestra realidad, para enfrentarnos de forma diferente a esa situación que antes nos angustiaba, para estar tranquilos donde antes nos exaltábamos, para tener confianza y seguridad cuando antes éramos un mar de dudas. Son cientos de personas las que he visto transformarse en cuestión de minutos, comenzando por mí mismo en todos aquellos temas que he considerado oportuno.

Ahora bien, nuestras memorias celulares no solo condicionan nuestra respuesta inconsciente, sino que al mismo tiempo moldean nuestro cerebro, condicionando las capacidades de nuestra mente consciente. Mientras se graban en nuestras células, las memorias celulares activan neuronas en nuestro cerebro, estableciendo determinadas conexiones entre ellas que permiten el desarrollo de ciertos hábitos de actuación, de respuestas emocionales o incluso de patrones de pensamiento. En consecuencia, esas memorias celulares también determinan el terreno de juego en el que se desarrolla nuestra mente consciente.

Nuestras memorias celulares moldean nuestro cerebro, fijando el terreno de juego en el que se desarrolla nuestra mente consciente.

Nuestras memorias celulares son capaces de bloquear nuestros propósitos y relaciones, e incluso de originar enfermedades y malestar. Pero también pueden potenciar nuestras relaciones personales, la consecución de cualquier objetivo o el hecho de disfrutar de una magnífica salud.

En lo que resta de libro veremos cómo cada uno de nosotros tenemos todas las capacidades y herramientas para lograr los resultados que nos propongamos. Simplemente basta con alinear nuestras memorias celulares con nuestros objetivos. Y afortunadamente es fácil hacerlo.

JUNTANDO LAS PIEZAS

Ha llegado el momento de juntar todas las piezas y entender cómo encajan unas con otras en la creación de nuestra realidad, y lo más importante, qué elementos debemos tener presentes para realizar una transformación exitosa, que nos permita alcanzar aquello que nos propongamos en cada momento.

Para facilitar su comprensión, voy a realizar tres analogías, que nos permitirán ver todos los conceptos desde distintas perspectivas.

El ordenador

Tomando como referencia la estructura y funcionalidad de un ordenador, nuestro cerebro sería el procesador (*hardware*), mientras que nuestra mente consciente sería el sistema operativo (*software*).

Las capacidades de nuestra mente consciente dependen de las características o prestaciones de nuestro cerebro, al igual que las prestaciones de un sistema operativo dependen del procesador sobre el que funciona. Es por esa misma razón por lo que nuestra mente consciente funciona a un máximo de cuarenta ciclos por segundo.

Por su parte, nuestra mente subconsciente sería como un sistema operativo paralelo, que opera en una frecuencia totalmente diferente y no solo no depende del procesador que utiliza nuestra mente consciente, sino que además tiene la capacidad de transformarlo, mejorando sus prestaciones.

El procesador de nuestra mente subconsciente es el corazón, con su elevada frecuencia energética. Asimismo, la memoria de este ordenador reside en todas nuestras células. Es en ellas donde se almacena toda la información, las memorias celulares.

El procesador de nuestro subconsciente es mucho más potente y está en marcha las veinticuatro horas del día, mientras que el de nuestra mente consciente descansa de vez en cuando.

Ambos procesadores funcionan en paralelo, tomando decisiones de modo independiente. Cuando esas decisiones van en una misma dirección, nuestra vida fluye. Ahora bien, cuando no lo hacen, cuando son decisiones contradictorias, las que priman son las del procesador más potente, nuestra mente subconsciente.

Nuestras capacidades, así como el nivel de complejidad de nuestra mente, nuestro cerebro y nuestro cuerpo, son infinitamente mayores que las de un ordenador. De hecho, nuestra mente tiene la capacidad de incrementar las prestaciones de todo nuestro cuerpo. Es como si un ordenador pudiera mejorar las prestaciones de su procesador, incrementar su memoria, mejorar la velocidad y la precisión al imprimir o al comunicarse con otros ordenadores.

El cuarto oscuro

Imagina la siguiente escena. Estás en un cuarto oscuro en el que no puedes ver nada. Es un cuarto grande, en el que para llegar de un lado a otro se requiere de una larga caminata, y tiene distintas puertas por las que salir, pero tú eres incapaz de verlas, aunque sabes que están ahí.

En ese cuarto hay objetos, que por supuesto no ves, y de tanto en tanto te hacen tropezar, impidiéndote avanzar en la dirección que deseas.

Asimismo, hay distintas cuerdas que te mantienen atado y que tiran de ti en dirección a determinadas puertas.

El cuarto oscuro es por donde discurre tu vida.

Las puertas por las que pasas son los resultados que obtienes.

Las cuerdas que te mantienen atado son tus creencias, que tiran de ti en determinadas direcciones, hacia determinadas puertas.

Los objetos que encuentras por medio son tus bloqueos emocionales, que te hacen tropezar una y otra vez en el mismo lugar, impidiéndote avanzar hacia ciertos lugares.

Como es lógico, cuantos más bloqueos emocionales tengas, más difícil te resultará avanzar. Y si tus creencias tiran de ti hacia puertas distintas a las que quieres llegar, te resultará extremadamente complicado alcanzar tu destino.

Por mucho esfuerzo que hagas por avanzar en una determinada dirección, si tus creencias no están alineadas con tu objetivo, en cuanto dejes de prestar atención a lo que estás haciendo, te verás guiado hacia un lugar distinto.

Si el camino que conduce a la puerta por la que deseas salir está lleno de obstáculos, tropezarás una y otra vez y no podrás avanzar en absoluto.

Caminarás sin peligro, directamente hacia la puerta que desees, en la medida que las cuerdas que te atan tiren de ti hacia esa puerta y el camino hasta ella esté libre de obstáculos.

El velero

Piensa por un momento en las distintas partes de un velero. Simplificando mucho, ese barco tiene un casco, un mástil, una o varias anclas, varias velas y un timón.

El casco somos nosotros, nuestro cuerpo físico.

Nuestro cerebro actúa como el mástil. Será un mástil más o menos largo y robusto en función de la activación cerebral que tengamos.

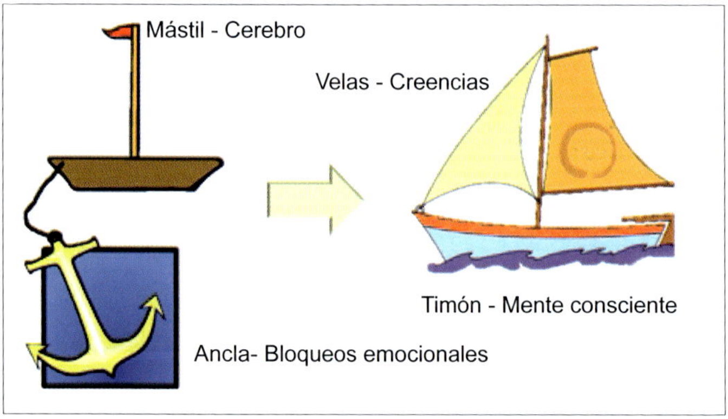

Figura 4. Nuestra mente es como un velero

Nuestros bloqueos emocionales actúan como las anclas, impidiéndonos navegar hacia nuestro destino por mucho que sople el viento.

Nuestras creencias son las velas que nos permiten, o nos imposibilitan, navegar de forma fluida por la vida y alcanzar destinos remotos.

Si no tenemos velas, o las que tenemos están llenas de agujeros, lo que en nuestro símil serían unas creencias limitantes, difícilmente avanzaremos en la dirección que deseamos y las corrientes nos llevarán sin rumbo fijo.

El timón lo dirige nuestra mente consciente, nuestro deseo de avanzar en una determinada dirección.

Si el mástil es corto, las velas no podrán izarse por completo, y consecuentemente no avanzaremos en la dirección que deseamos. En nuestro símil, un mástil corto es un cerebro no integrado, carente de las conexiones neuronales necesarias entre ambos hemisferios, un cerebro en el que uno de los hemisferios está parcial o totalmente inactivo para determinadas creencias.

Si nuestro deseo es navegar fluidamente, debemos asegurarnos de no tener echada el ancla, así como de disponer de un mástil lo suficientemente alto y resistente y unas velas adecuadas para el tipo de vientos y corrientes marinas que surcan la zona. En esas circunstancias, un buen timonel nos llevará al destino sin contratiempos.

En nuestro caso, alcanzar las metas que nos propongamos requiere librarnos de nuestros bloqueos emocionales, asegurarnos de tener la activación e integración cerebrales necesarias, y por supuesto disponer de las creencias que nos dirijan directo al objetivo.

* * * *

Si nos basamos en esta forma de entender nuestra realidad, cualquier transformación a nivel subconsciente que nos planteemos debe partir de un objetivo claramente definido; un objetivo que nos marcará el destino y que será la base para ajustar los distintos elementos que deberemos encajar, que son los siguientes:

1. Liberación de bloqueos emocionales

En la mayoría de los casos la liberación de bloqueos emocionales es necesaria, pero no suficiente. Confiar en que por el simple hecho de liberar nuestros bloqueos emocionales, nuestras creencias automáticamente se reprogramarán y nuestro cerebro se configurará adecuadamente es como confiar en que levar anclas conlleva la creación y el izado de unas velas adecuadas, con independencia del estado del mástil.

En ocasiones basta con la liberación de bloqueos emocionales, como por ejemplo cuando se hallan en el origen de una enfermedad, pero si lo que buscamos es transformar nuestros hábitos, nuestra forma de sentirnos o de reaccionar ante determinadas circunstancias, hemos de abordar elementos adicionales.

2. Integración cerebral

Ambos hemisferios del cerebro son complementarios e imprescindibles para desarrollar todo nuestro potencial. Cualquier transformación dirigida a explotar en mayor medida nuestras capacidades requiere el establecimiento de conexiones neuronales que integren y mantengan activados ambos hemisferios cerebrales.

La activación cerebral adquiere una mayor relevancia cuando es realizada con un determinado propósito, ya que tenemos la capacidad de activar nuestro cerebro de forma selectiva según nuestra intención. Sin intención el beneficio, aun siendo importante, queda diluido.

La existencia de creencias limitantes conlleva una inactividad parcial o total de alguno de los hemisferios, un bloqueo. En el caso de existir un bloqueo que comporte la inactividad total de un hemisferio, es imprescindible la activación de dicho hemisferio con anterioridad a la transformación de las creencias. De no hacerlo, sería imposible la creación de las conexiones neuronales que permitan la posterior ejecución de tales creencias.

3. Transformación de creencias

La transformación de creencias es lo que nos llevará a definir el rumbo correcto, a programar nuestro piloto automático, a disponer de unas velas que se adapten a la perfección a los vientos que soplan en cada momento.

Disponer de un conjunto de creencias alineado con nuestros deseos nos permitirá responder del modo adecuado ante cualquier circunstancia y avanzar con paso firme hacia la consecución de nuestros objetivos.

Pero como hemos visto en los ejemplos anteriores, con las creencias no basta. Si tenemos echada el ancla, por mucho que icemos unas preciosas velas en el mejor de los mástiles, no nos moveremos. Es más, si el viento sopla con fuerza, acabaremos rompiendo dichas velas.

Asimismo, si nuestro cerebro no está preparado para generar las conexiones neuronales necesarias, difícilmente desarrollaremos los comportamientos asociados a la creencia que pretendemos grabar. Este es uno de los motivos por los que la mayoría de las técnicas dirigidas a la transformación de creencias no siempre tienen éxito.

En definitiva, los tres elementos que acabamos de ver son importantes en la consecución del resultado perseguido.

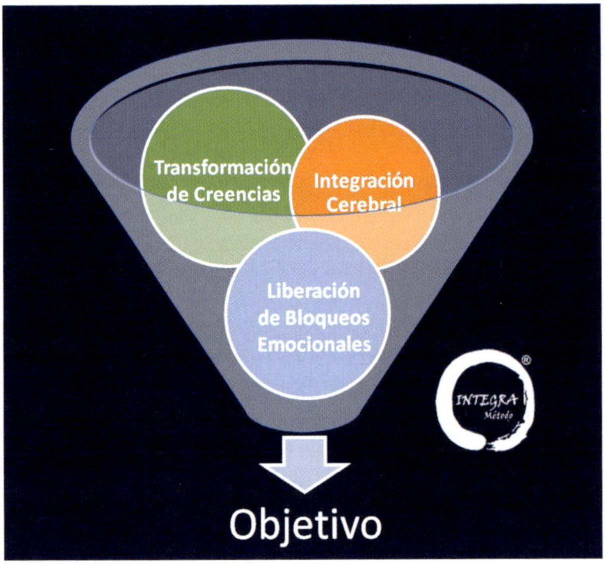

Figura 5. Claves para una transformación exitosa

En función del objetivo, habrá personas a quienes les pueda bastar con liberar bloqueos emocionales. Esto suele darse cuando el objetivo es la curación de una determinada enfermedad o la liberación de un determinado estado emocional de baja frecuencia (miedo, ansiedad, pena, ira, etc.). De ahí que la mayoría de las técnicas energéticas dirigidas a la liberación de bloqueos emocionales sean utilizadas en el ámbito de la sanación física y emocional.

Para alcanzar el objetivo a otros les puede bastar con la transformación de una o varias creencias, incluso sin tener que realizar la integración cerebral, ya que esta última tan solo resulta imprescindible cuando existe un bloqueo total, o parcial, de alguno de los hemisferios cerebrales.

En el próximo capítulo comienza la parte práctica de este libro. En él aprenderás a comunicarte con tu subconsciente, a saber preguntarle y a obtener respuestas de tipo binario (sí o no) ante cualquier pregunta.

2

EL TEST MUSCULAR

El sexto sentido, todo el mundo lo conoce, pero nadie lo reconoce. Nuestros sentidos oficiales son el oído, la vista, el tacto, el olfato y el gusto. Pero nuestro sexto sentido ni siquiera tiene nombre.

PAUL REBOUX

Imagina por un momento que en el cuarto oscuro del capítulo anterior dispusieras de una linterna para observar los objetos que hay por medio y las cuerdas que te atan a los distintos extremos del cuarto. Podrías observar si tienes algún objeto en medio de tu camino, si ese objeto está lo suficientemente cerca para agacharte y quitarlo de ahí, si tienes alguna cuerda que tire de ti hacia otro lugar, cómo es el nudo que mantiene atada dicha cuerda, si estás caminando correctamente en la dirección que deseas, etc. El test muscular juega exactamente este papel y es, como veremos, una pieza clave en el método INTEGRA.

Los caminos que nos permiten profundizar en nosotros mismos para obtener respuestas son diversos. La mayor parte nos conducen por senderos de introspección y relajación mental, permitiéndonos sintonizar con frecuencias más sutiles y acceder a otros niveles de información. En estos casos, las respuestas llegan a nuestra mente consciente en forma de ideas o pensamientos que previamente no teníamos.

Estos caminos son especialmente interesantes, ya que permiten acceder a cualquier tipo de contenidos. Ahora bien, se trata de técnicas que requieren creer en el proceso y confiar en que la información que nos llega no es fruto de la imaginación. Precisan una correcta predisposición del individuo, así como un cierto entrenamiento y experiencia.

Otro tipo de técnicas que nos permiten acceder al subconsciente para obtener respuestas son las que se basan en la observación de los impulsos electromagnéticos que nuestro cuerpo genera ante cada estímulo. Nuestra mente subconsciente genera impulsos electromagnéticos distintos cuando se encuentra ante estímulos positivos y ante estímulos negativos.

Estas técnicas presentan una limitación importante ya que únicamente nos permiten obtener respuestas binarias (sí/no), en función de que el estímulo sea interpretado como positivo o negativo por nuestro subconsciente. Pero al mismo tiempo presentan diversas ventajas respecto al primer grupo de técnicas: cualquiera, con o sin experiencia previa, puede obtener respuestas desde el primer momento; no requieren interpretar los resultados; no es necesario hacer un acto de fe, y además permiten verificar los resultados en caso de desearlo, utilizando varias de estas técnicas.

El polígrafo o máquina de la verdad, así como las distintas formas de test muscular, pertenecen a este segundo grupo.

Su sencillez a la hora de utilizarlo y la rapidez con la que obtenemos respuestas convierten al test muscular en una técnica ideal para ser utilizada en el método INTEGRA, al igual que lo es en buena parte de las técnicas de psicología energética que tenemos a nuestra disposición.

El test muscular nos permite hacerle preguntas al subconsciente, de modo que será este el que nos guíe en todo momento por medio de sus respuestas.

Al obtener siempre respuestas binarias (sí/no), es importante realizar preguntas o afirmaciones asertivas, evitando aquellas preguntas interpretables. Si, por ejemplo, quisiésemos preguntar por el autor de un cuadro que tenemos delante y lo hiciésemos por medio de la consulta: «Este cuadro es de Picasso», podríamos incurrir en diversas interpretaciones, y consecuentemente en respuestas que induzcan al error. Por un lado, el cuadro podría ser un original pintado por Picasso, o bien una copia, o incluso una lámina; y por otro lado, con independencia de su autor, el cuadro podría pertenecer físicamente a otra persona. La formulación correcta en este caso podría ser: «El autor del cuadro original del que ha sido copiado este que tengo delante es Picasso».

Al igual que el polígrafo, el test muscular se basa en la respuesta energética que nuestro organismo ofrece de forma instantánea ante cualquier estímulo: una respuesta muscular de fortaleza cuando los estímulos son positivos y de debilidad cuando son negativos.

Con independencia del tipo de estímulo, ya se trate de estímulos físicos, emocionales, intelectuales o de cualquier otro tipo, la respuesta que generan es siempre idéntica y reproducible. Los estímulos positivos generan fortaleza en nuestros músculos, mientras que los negativos generan debilidad inmediata.

Al realizar cualquier afirmación, nuestros músculos responden de forma instantánea debilitándose si nuestro subconsciente considera que es falsa y fortaleciéndose en caso de considerarla cierta.

Cuando acercamos a nuestro organismo un estímulo físico hostil, como puede ser el azúcar refinado, un edulcorante artificial o cualquier alimento al que presentemos intolerancia, la respuesta de nuestros músculos es igualmente de debilidad.

El test muscular puede realizarse prácticamente en cualquier músculo del cuerpo, ya que todos ellos reciben la misma señal energética. Ahora bien, en algunos podremos observar la diferencia de tensión muscular con mayor facilidad que en otros.

Los test musculares más frecuentes requieren de la participación de dos personas, lo que representa una limitación o condicionamiento cuando es uno mismo quien desea realizar el proceso, ya que nos obliga a depender de un tercero. Es por ello por lo que nos vamos a centrar exclusivamente en algunas técnicas de test muscular que pueden ser utilizadas de forma autónoma (autotest).

A continuación encontrarás una descripción detallada de varios métodos de autotest muscular. El objetivo es que puedas experimentar con todos ellos y les dediques el tiempo suficiente para identificar aquel con el que mejor percibas la diferencia entre la respuesta afirmativa y la negativa. Hazlo de forma relajada, concentrándote en lo que estás haciendo y abierto a las distintas respuestas que te irá proporcionando tu subconsciente.

Comenzaremos con el que considero el test más sencillo y el que permite identificar con mayor facilidad el sí y el no, el Test del balanceo. No tiene por qué ser así en tu caso. Debes ser tú mismo quien identifique el test que te proporcione mayor confianza y seguridad.

Al principio puede existir una tendencia natural a cuestionarse cada respuesta obtenida realizando el test muscular. Cuanto más lo utilices antes desaparecerá dicha duda y mayor sensibilidad tendrás a la hora de identificar las respuestas. Simplemente confía en ti mismo y en tu subconsciente, que es de donde emanan todas las respuestas.

Cuando practiques el test muscular, mantén un estado mental neutro, abierto a cualquier posible respuesta, a fin de no entorpecer la acción de tu subconsciente. Una vez generado el estímulo que deseas testar (una afirmación, una pregunta, etc.), debes estar expectante sobre cuál va a ser la respuesta. La actitud correcta es similar a albergar el pensamiento: «A ver qué me contesta ahora».

No intentes dirigir el proceso, no tengas ideas preconcebidas ni busques la respuesta a nivel consciente, ya que no tiene por qué coincidir con la que te ofrezca tu subconsciente y podría interferir en la respuesta. Y por supuesto, aleja de tu mente todo pensamiento dirigido hacia una determinada respuesta, como por ejemplo: «Me debería dar un sí». Simplemente confía en tu subconsciente.

Si lo que buscas al hacer el test muscular es corroborar una determinada respuesta, y no estás preparado para la otra posible respuesta, simplemente no preguntes.

TEST DEL BALANCEO

Busca un lugar tranquilo y libre de distracciones. A continuación, sitúate de pie, en posición vertical, asegurándote de estar cómodo.

Permanece parado, con los pies separados a la misma distancia aproximada que los hombros y las manos colgando a los costados. Realiza varias respiraciones profundas dejando ir todas tus preocupaciones, relajando tu cuerpo y centrando tu consciencia en las plantas de los pies. Cierra los ojos si te sientes más cómodo o te ayuda a concentrarte, especialmente cuando estás en presencia de otras personas. Haciéndolo eliminamos la mayoría de los estímulos externos que recibimos, ya que más del ochenta por ciento de estos son captados por nuestros ojos.

Figura 6. Test del balanceo

En pocos segundos notarás que es casi imposible permanecer completamente quieto. Tu cuerpo cambiará su posición continuamente de manera suave en diferentes direcciones, mientras tus músculos trabajan para mantener su posición vertical. Notarás que esos movimientos son suaves y no están bajo tu control consciente.

Cuando hagas una afirmación positiva, verdadera o congruente, o cuando pienses en algo agradable, tu cuerpo se balanceará en alguna dirección –adelante, atrás, hacia un costado– o simplemente se quedará quieto.

Por el contrario, si haces una afirmación negativa, falsa o incongruente, o cuando pienses en algo desagradable, tu cuerpo se balanceará en la dirección opuesta o bien realizará un movimiento diferente.

La mayoría de las personas refieren la respuesta afirmativa con un balanceo hacia delante y la negativa con un balanceo hacia atrás. Si no fuese tu caso, tranquilo, lo importante es observar la diferencia en las respuestas afirmativa y negativa.

Normalmente las respuestas son bastante rápidas, pocos segundos son suficientes. Aun así, cada persona, o incluso cada pregunta, requiere un tiempo de procesado distinto.

El nivel de relajación necesario para obtener respuestas varía de un individuo a otro. Por lo general, las respuestas se obtienen de forma inmediata sin necesidad de alcanzar ningún tipo de relajación profunda. Si en tu caso requieres una relajación algo más profunda y deseas someter al test muscular diversos estímulos, o realizar diversas preguntas, será recomendable descansar durante unos minutos cada cierto tiempo, o bien contar con el apoyo de alguien que te vaya guiando en las preguntas. Estar entrando y saliendo de ese estado de relajación relativamente profundo puede resultar agotador.

Cuando desees obtener respuestas para varios estímulos, busca siempre la posición de equilibrio antes de generar el siguiente estímulo. El desplazamiento normal cuando no estamos en la posición de equilibrio es hacia el lado en que nuestro cuerpo se encuentra desplazado, de modo que fácilmente nos daría la misma respuesta que con el estímulo anterior.

Los siguientes son elementos que te interesará tener presentes al realizar el test muscular del balanceo:

- Algunas personas, con una elevada sensibilidad al magnetismo de la Tierra, necesitan estar orientadas hacia el norte al realizar este test. La orientación al norte permite obtener las respuestas con mayor intensidad.
- La posición de los pies puede afectar en el momento de realizar este test. Por lo general basta con colocar los pies ligeramente separados, en la posición en que estemos más cómodos, sabiendo que esa es para nosotros la posición de equilibrio. Habitualmente, cambiar esta posición de equilibrio por una colocación de los pies en paralelo y con menor distancia entre ellos facilita la obtención de respuestas.
- Aquellas personas que en algún momento de su vida han practicado alguna actividad física o deporte que conlleve la búsqueda continua del equilibrio corporal, como judo, danza, ballet, etc., pueden tener

automatizadas respuestas musculares de equilibrio, compensando automáticamente los ligeros movimientos producidos en los tobillos. En estos casos, para resolver el problema basta con hacernos conscientes de ello y poner la intención de eliminar cualquier compensación automática.

- En caso de tener dudas sobre la participación de la mente consciente en la inducción de una posible respuesta, simplemente colócate los dedos índice y pulgar apretando ligeramente sobre la nuca, como si de una pinza se tratara, justo donde se juntan cabeza y cuello. Haciéndolo de este modo, estarás bloqueando la comunicación sutil que tu mente consciente podría generar con los músculos de tu cuerpo.
- Cabe la posibilidad de que a medida que vayas liberando bloqueos emocionales, cambie tu respuesta con este test muscular, especialmente cuando la respuesta sí no consiste en un desplazamiento hacia delante y la respuesta no en uno hacia atrás. Es recomendable que verifiques tus respuestas sí y no una vez hayas liberado cualquier bloqueo emocional.

Tanto para el test del balanceo que acabas de ver como para los otros test que verás a continuación, puedes realizar las siguientes pruebas:

- Di: Me llamo ______________, utilizando primero tu nombre real y después otro falso.
- Piensa en alguien que ames, y luego en alguien que odies, temas o por quien tengas un resentimiento.

- Pídele a tu subconsciente que te dé un sí, y después haz lo mismo con el no.
- Repite mentalmente: «Sí, sí, sí...» y luego hazlo con el «No, no, no».
- Di: «Hoy es (día de la semana correcto)», y luego hazlo con otro día incorrecto.
- Busca y mira una fotografía de Hitler o Stalin, y a continuación haz lo mismo con Gandhi o la Madre Teresa.
- Acerca a la boca del estómago un sobre de azúcar o cualquier edulcorante artificial, y luego haz lo mismo con un sobre de stevia o simplemente con una pieza de fruta.

Puedes probar con cualquier otra afirmación o estímulo físico o emocional que se te ocurra. A medida que vayas obteniendo respuestas comenzarás a identificar el verdadero potencial de esta herramienta.

TEST DEL ESLABÓN DE LA CADENA

Junta las yemas de los dedos índice y pulgar de la misma mano formando un aro y haz lo mismo con los dedos índice y pulgar de la otra mano, engarzándolos como si se tratara de dos eslabones de una cadena.

A continuación inspira y lleva tu conciencia a los dedos de las manos. Cuando la respuesta muscular es negativa, si estiras tan solo deberían separarse, rompiéndose uno de los eslabones. Si la respuesta muscular es positiva, deberían permanecer unidos pese a la presión ejercida.

Realiza el movimiento de forma suave, separando gradualmente las manos. Sin movimientos bruscos.

Los dedos índice y pulgar no deben presionarse con fuerza. Simplemente deben estar juntos manteniendo una ligera tensión.

La clave de este test está en equilibrar la tensión de los dedos con el movimiento de separación de ambas manos, de modo que se pueda llegar a identificar la diferencia entre el sí y el no.

Figura 7. Test eslabón de la cadena

La práctica en la identificación del nivel de tensión muscular de forma coordinada con el movimiento de separación de ambas manos es fundamental para tener total confianza en este test.

Puedes realizar las pruebas apuntadas anteriormente para verificar tu sensibilidad con este método.

TEST «ROMPER EL ARO»

Presiona las yemas de los dedos índice y pulgar de tu mano no dominante formando un aro. Introduce el dedo índice de tu mano dominante dentro del aro.

A continuación inspira y lleva tu conciencia a los dedos de tu mano no dominante que están formando el aro, manteniéndolos ligeramente en tensión. Con el dedo índice de la mano dominante harás fuerza intentando romper el aro. Tan solo debería romperse cuando la respuesta muscular es negativa. Si la respuesta muscular es positiva, debería permanecer intacto, pese a la presión ejercida.

Realiza el movimiento de forma suave, desplazando gradualmente el dedo índice. Sin movimientos bruscos.

Los dedos índice y pulgar de la mano no dominante no deben presionarse con fuerza. Simplemente deben estar juntos manteniendo una ligera tensión.

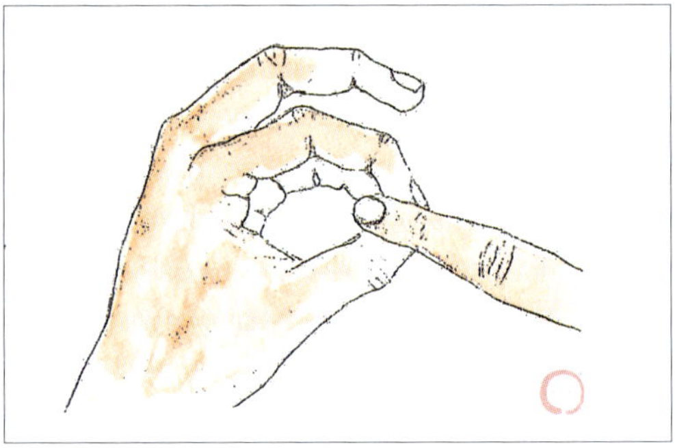

Figura 8. Test «romper el aro»

Al igual que en el test anterior, la práctica es fundamental para alcanzar un nivel de confianza total en este test.

Puedes realizar las pruebas apuntadas anteriormente para verificar tu sensibilidad con este método.

EL PÉNDULO

Una de las modalidades de autotest muscular más conocidas es el péndulo, aunque raramente es reconocido como tal.

Un péndulo es una masa pesada suspendida de un hilo o una pequeña cadena. Cualquiera puede confeccionarse uno con facilidad. Basta con suspender de un hilo suave de unos veinte centímetros de largo una bolita de madera, una masa de metal u otro objeto de forma simétrica.

Figura 9. El péndulo

El péndulo es un amplificador de los impulsos electromagnéticos que llegan a las manos de quien lo sostiene. Sirve por tanto para amplificar y hacer perceptibles esas reacciones inconscientes recibidas en los músculos de las manos.

Sujeta el hilo entre el pulgar y el índice, manteniendo las articulaciones relajadas, sin agarrotar los dedos. Si los dedos están en tensión o contraídos, o si apoyas el antebrazo sobre la mesa o el respaldo de una silla, se producirá un bloqueo energético que puede interferir en el movimiento del péndulo. La situación ideal es no apoyar ninguna parte del brazo. En caso de ser necesario, emplea como punto de apoyo el codo.

En el momento de utilizar el péndulo tenemos dos opciones. Escoge la que te resulte más cómoda y opta siempre por la misma:

- Obtener respuestas sí y no de forma espontánea, al igual que hemos hecho con el test muscular del balanceo visto anteriormente.
- Establecer convenciones mentales para los movimientos del péndulo congruentes con las respuestas sí y no. Por ejemplo, mi péndulo se balanceará hacia delante y atrás cuando la respuesta sea sí, y de lado a lado cuando sea no.

OTRAS MODALIDADES DE AUTOTEST

Otras modalidades de autotest que puedes probar para identificar las diferencias entre las respuestas afirmativas y negativas de tu subconsciente son las siguientes:

- Extensión de los brazos. Extiende los brazos hacia los lados. Repite en voz alta o mentalmente la afirmación que quieres testar y muévelos rápidamente hacia el frente juntando las palmas de las manos con los dedos estirados. Fíjate en qué mano sobresale más que la otra. Descubrirás que las respuestas afirmativas provocan que sea una mano la que sobresalga, mientras que las negativas hacen que sobresalga la otra mano. También puede suceder que en una de las respuestas (afirmativa o negativa), la extensión de ambas manos coincida.

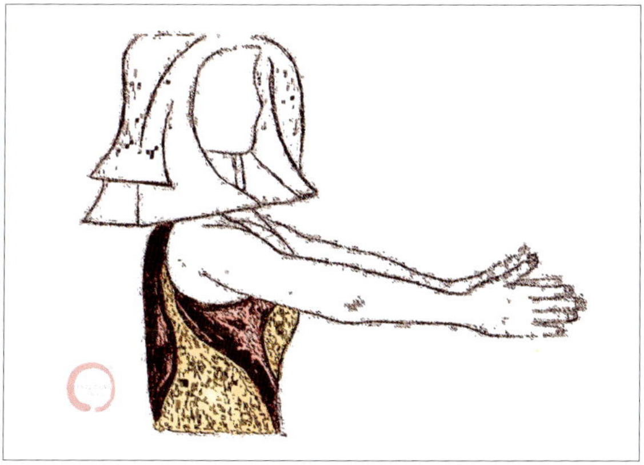

Figura 10. Test «extensión de los brazos»

- Separar los dedos. Junta los dedos anular y pulgar de tu mano no dominante formando un aro y sitúa los dedos índice y pulgar de la otra mano en el interior del aro. A continuación presiona con el índice y el pulgar hacia el exterior intentando separar los dedos que forman el aro. Una respuesta afirmativa mantendrá la tensión, impidiendo que se separen los dedos que forman el aro, mientras que una respuesta negativa permitirá romper el aro al separarse los dedos anular y pulgar.

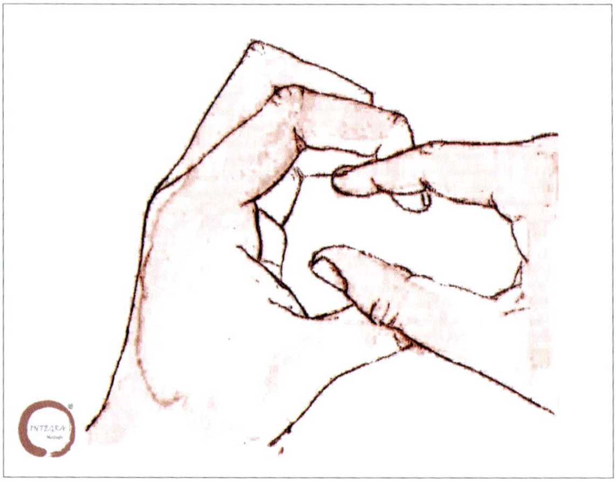

Figura 11. Separar los dedos

- Presión sobre el dedo índice. Coloca el dedo corazón sobre el índice. El índice recto y en tensión mientras presionas hacia abajo con el dedo corazón. Una respuesta fuerte impedirá que el dedo corazón baje, mientras que una respuesta débil hará ceder al índice y permitirá que el dedo corazón baje.

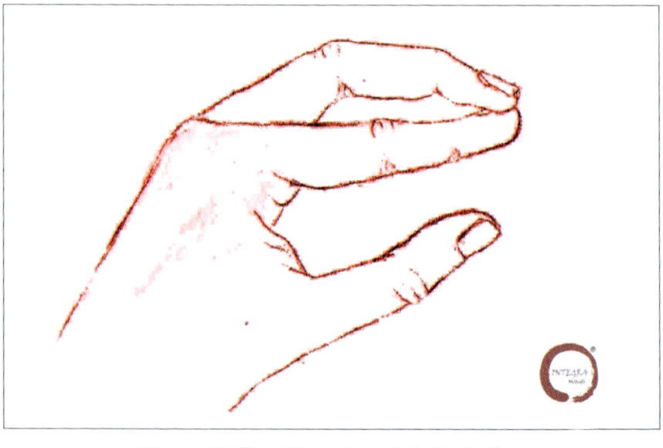

Figura 12. Presión sobre el dedo índice

- Juntar los dedos. Coloca los dedos índice y pulgar de tu mano no dominante en paralelo uno con el otro. A continuación coloca los dedos índice y pulgar de tu mano dominante por encima y debajo respectivamente de los anteriores, realizando presión para que se junten. Una respuesta fuerte impedirá que los dedos de tu mano no dominante se junten, mientras que una respuesta débil será incapaz de impedir que lo hagan.

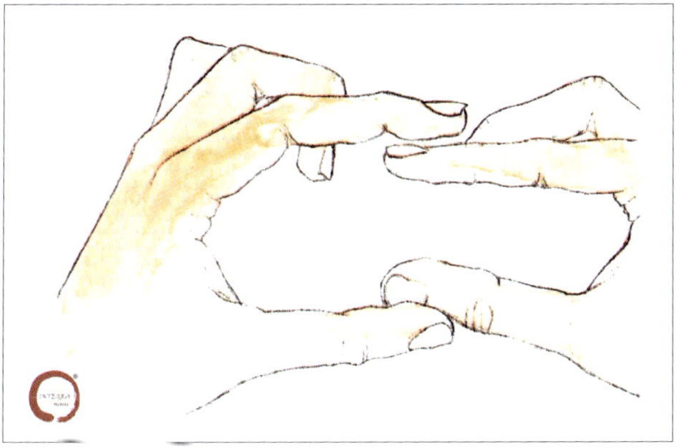

Figura 13. Juntar los dedos

- Tragar saliva. Di en voz alta o mentalmente la afirmación que quieres testar y a continuación intenta tragar saliva. Por lo general, la respuesta negativa provoca una dificultad para tragar, mientras que la respuesta afirmativa permite tragar con normalidad.

Si este ha sido tu primer contacto con el test muscular, quizás te haya sorprendido. Es lógico. Se trata de una herramienta extremadamente útil, que te permitirá alcanzar un nivel de conocimiento ilimitado sobre ti mismo. Ahora bien, NUNCA HAGAS UNA PREGUNTA SI NO ESTÁS PREPARADO PARA LA RESPUESTA. La realidad puede ser bastante diferente de lo que tú piensas.

Te recomiendo que experimentes e identifiques la modalidad de test muscular con la que tienes más sensibilidad, tomándote el tiempo necesario para obtener la respuesta correcta a cada pregunta.

El test muscular te resultará imprescindible tanto para la liberación de bloqueos emocionales como para la transformación de creencias. Será tu subconsciente, por medio del test muscular, el que te dirija durante el proceso en todo momento.

RESOLUCIÓN DE PROBLEMAS

La mayor o menor facilidad para obtener respuestas con el test muscular depende de la intensidad con la que circula la energía por nuestro cuerpo. En nuestro organismo existen diversos sistemas energéticos –los meridianos y los chakras son los más conocidos–. La existencia de algún bloqueo o la incorrecta circulación energética por alguno de estos sistemas son los elementos más habituales que nos encontramos cuando hay dificultades en la obtención de respuestas por medio del test muscular.

Con independencia del test muscular utilizado, podemos encontrarnos ocasionalmente con algunas situaciones confusas en las que no sepamos distinguir las respuestas sí de las respuestas no, o simplemente que no obtengamos respuestas.

Es conveniente saber que hay situaciones que pueden dificultar la obtención de respuestas por medio del test muscular, como son:

- Beber alcohol o tomar drogas. Esto no solo dificulta la obtención de respuestas por medio del test muscular, sino que además dificulta o incluso impide la transformación a nivel subconsciente. Es importante no consumir este tipo de sustancias en las horas previas a cualquier proceso de transformación o a la utilización del test muscular.
- Tener la boca seca. Una ligera deshidratación en la boca provoca frecuentemente bloqueos energéticos que impiden obtener respuestas con el test muscular.
- No permitir que el subconsciente se tome el tiempo necesario para dar la respuesta. En ocasiones esperamos que la respuesta sea inmediata, y no siempre, ni para todas las personas, es de este modo.
- Esperar una respuesta con una intensidad elevada. El nivel de intensidad de la respuesta depende de cada persona, e incluso puede variar según el estímulo al que nos sometemos. Esperar una respuesta rápida y con un movimiento «contundente» suele ser uno de los elementos que nos llevan a confusión. Debemos estar abiertos también a respuestas «sutiles».
- Cansancio, malestar físico o padecer una enfermedad. Estas situaciones también pueden provocar bloqueos energéticos que impidan obtener respuestas.

- Tener ganas de orinar. Es otro de los elementos que pueden causar un bloqueo energético que dificulte lograr una respuesta.
- Existencia de bloqueos emocionales. Esto puede impedir la obtención de respuestas por medio de algunos tipos de test muscular. En estas situaciones, una vez hayamos liberado los bloqueos emocionales, las obtendremos.
- Hallarse en presencia de otras personas, en especial en ambientes que no nos inspiren plena confianza. Las burlas o la hostilidad psíquica de ciertos individuos pueden inducir al error. Con independencia de la posible hostilidad, hay personas especialmente sensibles a la energía de los demás, que requieren de una cierta intimidad para realizar este tipo de test.
- En el caso concreto del test del balanceo, haber practicado alguna actividad física o deporte que busque activamente el equilibrio corporal, o simplemente la colocación de los pies en la posición de equilibrio, puede dificultar la identificación de las respuestas.

A continuación te indico algunos procedimientos que puedes utilizar para resolver las situaciones en las que, a pesar de haber descartado los puntos anteriores, todavía no se obtienen respuestas por medio del test muscular:

- Realiza varias respiraciones abdominales profundas antes de comenzar el test.
- Oriéntate hacia el norte.

- Hidrata la boca bebiendo agua o generando saliva y espera unos segundos. Juntamente con el cansancio, la deshidratación de la boca es el motivo más habitual que nos lleva a dejar de percibir respuestas en mitad de cualquier proceso de transformación.
- Estimula la glándula timo (en la parte superior del esternón) dando golpecillos suaves con las puntas de los dedos de una mano, o con los nudillos, a un ritmo de «un-dos-tres», mientras sonríes y piensas en alguien que amas. Realiza este ejercicio durante uno o dos minutos. La activación de la glándula timo busca estimular la circulación energética en nuestro cuerpo, permitiendo obtener respuestas correctas durante unas horas, pero no es la solución al problema. Pasadas esas horas, cuando vuelvas a realizar el test muscular es probable que tengas que repetir la estimulación de la glándula timo.

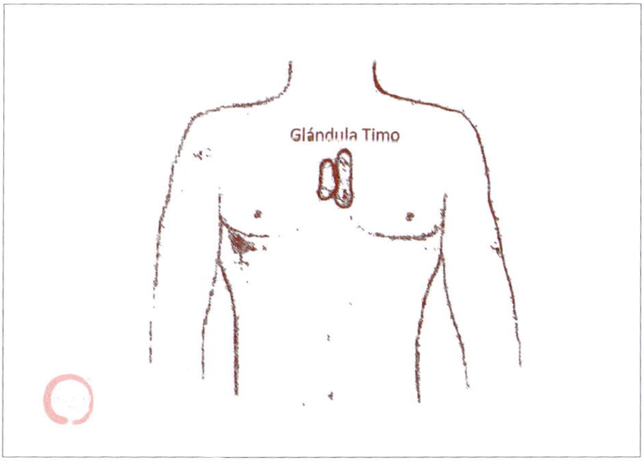

Figura 14. Glándula timo

- Siéntate en posición de cerebro integrado durante un par de minutos mientras sonríes y piensas en alguien que amas. Puedes utilizar cualquiera de las dos posiciones que se muestran en la figura 15.

Figura 15. Posición cerebro integrado

Excepcionalmente podemos encontrarnos con alguna situación en la que, a pesar de haber probado todas las soluciones planteadas, no se logra diferenciar las respuestas sí y no. Estos casos pueden estar provocados por dos circunstancias distintas:

- Que la persona tenga algún bloqueo energético que le impida diferenciar las respuestas. Se trata de la circunstancia más habitual. En estos casos, lo normal es que una vez se comienzan a liberar bloqueos emocionales, llegue un momento en el que el test muscular pase a identificarse con facilidad.

- Que la energía circule con tal sutileza que requiera un nivel de percepción mucho más agudo. En estos casos, las respuestas no resultan tan evidentes, por lo que se requiere un proceso de aprendizaje, experimentación y concentración mayor.

Cuando no somos capaces de obtener respuestas, puede servir de gran ayuda realizar una rutina diaria de activación energética como la incluida en el siguiente apartado.

ACTIVACIÓN ENERGÉTICA

Los ejercicios detallados a continuación forman una rutina para realizar a diario y fueron diseñados para reactivar la correcta circulación energética por el cuerpo. Se trata de unas técnicas sencillas, pero eficaces, y su efecto es acumulativo.

Los ejercicios han sido extraídos de la ampliamente difundida Rutina energética de Donna Eden –puedes profundizar en ellos en su interesante libro *Medicina energética*–. Componen una rutina que dura pocos minutos, y realizándolos a diario, alcanzarás un estado energético más equilibrado, a través del cual podrás obtener respuestas con mayor facilidad al utilizar cualquier tipo de test muscular.

La rutina energética diaria consiste en:

1. Los tres golpes.
2. El paso cruzado.

3. La postura Wayne Cook.
4. El estiramiento de la coronilla.
5. La cremallera.
6. La conexión.

Al igual que algunas personas toman vitaminas cada mañana para completar su alimentación, estas siete «vitaminas energéticas» pueden ayudarte no solo a obtener respuestas con el test muscular, sino también a disfrutar de más salud, tono y resistencia frente a las enfermedades y al estrés. Acuérdate de respirar profunda y conscientemente con cada una de las actividades que realices, inspirando siempre por la nariz y espirando por la boca. Las duraciones indicadas para cada ejercicio deben tomase como una indicación aproximada.

1. Los tres golpes

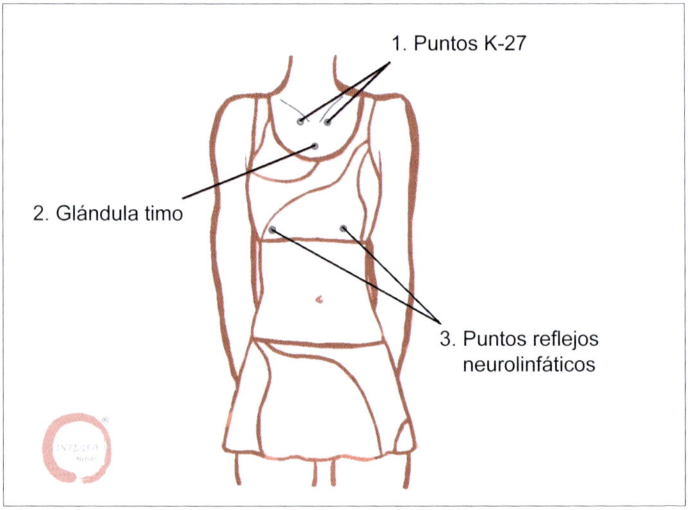

Figura 16. Los tres golpes

Golpes en los puntos K-27. Los puntos de acupuntura y de digitopuntura constituyen centros energéticos diminutos a lo largo de los catorce meridianos mayores. Los K-27, situados en el lado izquierdo y derecho del meridiano del riñón, son puntos de coyuntura que afectan al resto de los meridianos.

Cuando se golpetea o se masajea los K-27, se envían señales al cerebro para adecuar las energías con el fin de que aumente la atención y el rendimiento.

Para dar golpecitos en los K-27, sigue los siguientes pasos (duración: 30 segundos):

1. Coloca los dedos en la clavícula. Para localizar estos puntos, apoya el dedo índice de cada mano en la clavícula y aproxima las manos hasta alcanzar el extremo interior de esta. Desde allí, desciende en línea recta hasta unos dos o tres centímetros por debajo de la clavícula. La mayoría de la gente tiene una parte blanda o una hendidura en ese punto.
2. Con los dedos de ambas manos orientados hacia el cuerpo, cruza las manos, una encima de la otra, con el dedo corazón de cada mano sobre el punto K-27 del lado contrario.
3. Sigue respirando lenta y profundamente, mientras vas masajeando o dando golpecitos firmes en los K-27 durante dos o tres respiraciones, inspirando por la nariz y espirando por la boca. Si la situación no te permite usar ambas manos al mismo tiempo (por ejemplo, si estás conduciendo), emplea una única mano,

golpeando o masajeando con el pulgar en uno de los puntos y con el resto de los dedos en el otro.

Golpes en la glándula timo. Golpetear en la zona de la glándula timo es una técnica sencilla que corrige cualquier desequilibrio energético en los meridianos, fortalece el sistema inmunitario e incrementa la fuerza y la vitalidad.

Instrucciones (duración: 15 segundos):

1. Coloca los dedos de una mano en el centro del esternón, en la glándula timo, unos cinco centímetros por debajo de los K-27, en el centro del pecho.
2. Da golpecitos firmes con la punta de los dedos o con los nudillos y respira lenta y profundamente, inspirando por la nariz y espirando por la boca, durante dos o tres respiraciones.

Golpes en el bazo. Golpetear en los «puntos reflejos neurolinfáticos» del bazo.

Los golpecitos en estos puntos constituyen una manera rápida para aumentar el nivel de energía, equilibrar la glucemia en sangre y reforzar el sistema inmunitario.

Para practicar el golpe en el bazo (duración: 15 segundos):

1. Busca primero los puntos, justo por debajo del pecho hacia los costados, tal como está indicado en la figura 16.
2. Golpea firmemente con varios dedos durante unos 15 segundos y respira profundamente, inspirando por la nariz y espirando por la boca.

2. El paso cruzado

La técnica del paso cruzado facilita el transporte de energía entre ambos hemisferios del cerebro, lo que te ayudará a sentirte más equilibrado, pensar con más claridad, mejorar la coordinación y equilibrar las energías.

Figura 17. Paso cruzado

El paso cruzado se basa en el hecho de que el hemisferio izquierdo necesita enviar información al lado derecho del cuerpo y el hemisferio derecho tiene que enviar información al lado izquierdo. Si las energías de un lado no pasan adecuadamente al lado opuesto del cuerpo, no se disfruta la capacidad completa cerebral o corporal.

El paso cruzado es tan fácil como andar sin avanzar, y consiste en lo siguiente (duración: 1 minuto):

1. De pie, levanta al mismo tiempo el brazo derecho y la pierna izquierda.
2. Al bajarlos, levanta el brazo izquierdo y la pierna derecha.
3. Continúa con este movimiento alternando los puntos anteriores, exagerando el movimiento. Mientras lo haces, respira profundamente, inspirando por la nariz y espirando por la boca.

En caso de tener algún impedimento para realizar este ejercicio de pie, puedes efectuarlo sentado. Para ello levanta la rodilla derecha y tócala con la mano izquierda. Luego, bájalas, levanta la rodilla izquierda y tócala con la mano derecha. Continúa repitiendo este movimiento al tiempo que respiras profundamente, inspirando por la nariz y espirando por la boca.

Puedes realizar este ejercicio siempre que lo desees para sentirte más equilibrado, pensar con más claridad, mejorar la coordinación o equilibrar las energías de tu cuerpo.

3. La postura Wayne Cook

La postura Wayne Cook tiene el poder de calmar, de poner en orden los pensamientos y de ayudar a afrontar mejor los problemas que se nos presentan, incluso en momentos de tensión extrema. Casi de inmediato, te llevará a sentirte menos alterado y menos estresado, te facilitará la resolución de problemas internos y te permitirá tomar perspectiva ante cualquier problema, pensar con mayor claridad o aprender de manera más eficaz.

Figura 18. Postura Wayne Cook

Para hacer la postura Wayne Cook, siéntate en una silla con la espalda recta (duración: 90 segundos):

1. Apoya el pie izquierdo sobre la rodilla derecha. Coloca la mano derecha alrededor de la parte anterior del tobillo izquierdo y la mano izquierda alrededor de la planta del pie, con los dedos enlazados en la parte lateral del pie.
2. Inspira lentamente por la nariz, dejando que la respiración levante el cuerpo a la vez que inspiras. Al mismo tiempo, empuja la pierna hacia el cuerpo, como para estirarla. Al espirar, libera el aire por la boca lentamente, dejando que el cuerpo se relaje.

Repite esta respiración lenta y el estiramiento cuatro o cinco veces.

3. Cambia al otro pie. Apoya el pie derecho sobre la rodilla izquierda. Coloca la mano izquierda alrededor de la parte anterior del tobillo derecho y la mano derecha alrededor de la planta del pie, con los dedos enlazados en la parte lateral del pie. Sigue respirando de la misma forma (ver figura 18).
4. Coloca las piernas una al lado de la otra, sin cruzarlas, y junta las puntas de los dedos de modo que formen una pirámide. Lleva los pulgares al tercer ojo, justo encima del caballete nasal. Respira lenta y profundamente, inspirando por la nariz y espirando por la boca, unas tres o cuatro veces (ver la figura 19).

Figura 19. Juntar yemas de los dedos en el tercer ojo

5. Con la última espiración, enrosca los dedos sobre el centro de la frente y, separándolos, arrástralos firme y placenteramente a través de la frente hasta llegar a las sienes.
6. Poco a poco, ve bajando las manos por la parte frontal y céntrate en la respiración.

Wayne Cook, investigador pionero en bioenergética, demostró la eficacia de esta técnica en el tratamiento de la dislexia y el tartamudeo, además de constituir un paliativo importante para una amplia gama de problemas psicológicos, incluidos los estados de confusión, las manías, las compulsiones, las depresiones, la desorganización y la ira.

4. El estiramiento de la coronilla

El estiramiento de la coronilla elimina las dificultades de la mente al calmar el sistema nervioso, liberar la congestión mental, refrescar la capacidad mental y abrirnos a una inspiración superior.

Nos reconecta con el chakra pineal, que gobierna la espiritualidad.

Para realizar el estiramiento de la coronilla (duración: 15 segundos), respira profundamente, inspirando por la nariz y espirando por la boca:

1. Coloca los pulgares en las sienes y apoya las yemas de los otros dedos justo en el centro de la frente.
2. Lentamente, y con cierta presión, separa los dedos de ambas manos, estirando hacia los lados la piel que se halla encima de las cejas.

3. Apoya las yemas de los dedos en el nacimiento del cabello y repite el estiramiento.
4. Continúa de este modo, colocando sucesivamente los dedos flexionados a lo largo de la línea imaginaria que divide la cabeza por la mitad, presionando en cada uno de los siguientes lugares:

Figura 20. El estiramiento de la coronilla

- Los dedos en la parte superior de la cabeza, con los meñiques en el nacimiento del cabello. Arrástralos hacia abajo ejerciendo cierta presión, moviendo las manos en direcciones opuestas.
- Los dedos en la parte posterior de la cabeza, aplicando el mismo estiramiento.
- Vuelve a aplicar el mismo estiramiento, con los dedos en la parte inferior de la cabeza.

- Continúa, mientras estiras hacia los lados del cuello en tres pasos (parte superior, centro y parte inferior del cuello).

5. Finalmente, deja que los dedos descansen sobre los hombros. Respira profundamente y, mientras ejerces presión, arrastra los dedos hacia delante por encima de los hombros y deja que las manos caigan.

5. La cremallera

Cuando nos sentimos tristes o vulnerables, el meridiano central, una de las dos vías que gobiernan el sistema nervioso central, puede funcionar como si se tratara de un receptor de radio que canaliza los pensamientos y energías negativos de otros y nos los transmite.

Figura 21. La cremallera

Para realizar este ejercicio (duración: 20 segundos):

1. Coloca las manos en la parte inferior del meridiano central, que se encuentra en el hueso púbico
2. Inspira profundamente y, de manera lenta y deliberada, ve arrastrando las manos, en línea recta, hacia arriba y por la parte central, hasta llegar al labio inferior, donde termina el meridiano.
3. Continúa en dirección ascendente, avanzando más allá de los labios, levantando las manos hacia el cielo; así conectarás el meridiano central con el aura y con las fuerzas más allá de la persona.
4. Con un movimiento circular, conduce los brazos hacia abajo hasta llegar a la pelvis.
5. Repite el ejercicio tres veces.

Al seguir el meridiano central, lo fortalecemos, y este, a su vez, nos fortalece a nosotros.

6. La conexión

Finaliza la rutina diaria de energía con el ejercicio de la conexión. La conexión resulta, asimismo, muy útil cuando no nos sentimos bien energéticamente.

La conexión establece un enlace entre el meridiano central, que envía energía hacia arriba por la parte anterior del cuerpo, y el meridiano gobernador, que la envía por la columna, hacia la parte inferior. De este modo formamos un puente entre las partes frontal y posterior del cuerpo, así como entre la cabeza y el torso.

Este ejercicio incrementa la capacidad de coordinación, facilita la concentración y fortalece el aura.

Para realizar la conexión, inspira profundamente por la nariz y espira por la boca (duración: 20 segundos).

Figura 22. La conexión

1. Apoya el dedo corazón de una mano en el centro de la frente.
2. Coloca el dedo corazón de la otra mano en el ombligo.
3. Suavemente, presiona con cada dedo, arrástralo hacia arriba y sostenlo durante unos 20 segundos, mientras respiras profundamente. A menudo, un

suspiro profundo indica que las energías se han conectado.

****

El test muscular puede ser muy útil a la hora de tomar con mayor seguridad buena parte de las decisiones del día a día. Puede ayudarte a cuidar de tu salud, a alimentarte, a cultivar tu jardín, a descubrir un manantial, a encontrar un objeto perdido, etc.

Llegados a este punto deberías estar en condiciones de obtener respuestas por medio de cualquiera de las múltiples variantes del test muscular que te he mostrado. Si es así, ¡enhorabuena!, ya has superado la parte más difícil de todo el proceso. Lo que verás en los próximos capítulos, y que te llevará a reprogramar a nivel subconsciente, es mucho más sencillo.

3

Liberación de Bloqueos Emocionales

Si te encuentras en un agujero, lo primero que debes hacer es dejar de cavar.

Will Rogers

Me gusta imaginar un mundo lleno de paz, equilibrio, amor, armonía, coherencia, sinceridad, felicidad, etc. De ahí mi continua búsqueda de un camino fácil y rápido para la transformación del individuo, que permita desarrollar plenamente el potencial que todos tenemos.

Cuando descubrí los múltiples estudios científicos que nos muestran el poder real de las emociones en la creación y configuración de nuestra realidad, comprendí la importancia de una correcta gestión de las emociones en nuestro día a día.

Nuestros miedos crean enemigos donde no los hay, ponen odio donde hay amor, erigen cercos donde hay libertad y nos convierten en esclavos de nuestras reacciones, nuestros sentimientos y nuestras palabras.

Observar las emociones como lo que realmente son –energía–, me llevó a entender su funcionamiento, así como la facilidad con la que podemos deshacernos de ellas. Me llevó también a entender que el cambio puede ser inmediato, que no requiere de un proceso de constancia ni de fuerza de voluntad y que el sufrimiento es totalmente innecesario en este tipo de procesos.

Acostumbramos a pasar la vida buscando comprender el porqué de nuestras reacciones, con la creencia de que esa comprensión nos ayudará a cambiar. Nos han hecho creer que en la comprensión del motivo se halla la solución, cuando todo el mundo es conocedor de la habitual esterilidad que se encierra en procesos como la psicoterapia.

En mayor o menor medida, prácticamente todos tenemos bloqueos emocionales. Las experiencias del día a día activan en nosotros un sinfín de emociones que deben ser gestionadas oportunamente. No hacerlo nos lleva a interiorizar la energía de dicha emoción, que se queda atrapada en nuestras células. Literalmente, nuestras células se quedan vibrando en la frecuencia de dichas emociones. Con posterioridad, cualquier nueva vivencia que nos genere una emoción similar a la que quedó atrapada refuerza y amplifica energéticamente dicha emoción.

De entrada, las emociones no son buenas ni malas. Únicamente se trata de información respecto al grado de coherencia existente entre las experiencias que estoy viviendo y mi realidad interior, mis creencias. Cada emoción proporciona una información diferente a cada persona y debe ser, por lo tanto, interpretada de un modo individual.

Las emociones se caracterizan por tener frecuencias energéticas diferenciadas, o lo que es lo mismo, cada emoción presenta un tipo de energía diferente que se expande más allá de nuestro propio cuerpo.

Nosotros somos como el dial de una radio que sintoniza un sinfín de emisoras. Cada emisora fluye y se expande con su propia frecuencia y es el aparato de radio el que sintoniza con ese estímulo y reacciona transformando la energía que recibe en sonido. Las emociones son como esas emisoras de radio. Cada una presenta una frecuencia energética característica, que fluye y se expande por nuestro cuerpo y mucho más allá.

Las emociones «positivas» se caracterizan por tener frecuencias elevadas, mientras que las emociones «negativas» lo hacen por sus bajas frecuencias.

Múltiples estudios realizados por todo el mundo nos muestran el enorme poder que ejercen las emociones sobre nuestro organismo. Nuestro ADN interpreta las frecuencias de las emociones y responde de forma inmediata.

Las frecuencias elevadas que caracterizan a las emociones «positivas», como por ejemplo la gratitud, el amor o la compasión, provocan que las hélices de ADN se desenrollen, se relajen y se expandan, y que se activen más códigos.[1]

Por el contrario, las bajas frecuencias de las emociones «negativas», como la rabia, el miedo, el estrés, etc., provocan

1. Las dobles hélices de ADN están unidas por sesenta y cuatro códigos de aminoácidos, que pueden estar activados o desactivados. Habitualmente tenemos activados unos veinte códigos.

la contracción en las hélices de ADN, que se enrollan sobre sí mismas, se acortan y apagan varios de sus códigos.

Afortunadamente, el ADN responde de inmediato a los cambios de estado emocional, por lo que se puede restablecer el equilibrio con la misma rapidez con la que se perdió.

A efectos prácticos, las emociones «negativas» provocan una descarga energética parcial del cuerpo, restándole capacidades para contrarrestar otros estímulos negativos de cualquier tipo que reciba o para restablecer la salud cuando estamos enfermos. Cuando una emoción «negativa» perdura en el tiempo, los efectos sobre la salud pueden ser devastadores.

Las emociones que somos incapaces de gestionar cuando se presentan, reprimiéndolas o simplemente dejándonos llevar por ellas durante más tiempo del necesario, en ocasiones se quedan atrapadas en nuestras células. °La vibración de estas emociones se introduce en las células, donde se mantiene hasta el día en que son liberadas, si es que llega ese día.

A lo largo de la vida acumulamos en nuestras células un gran número de problemas emocionales pendientes de resolver. Como si de una mochila colocada en la espalda se tratara, vamos echando dentro todo lo que no queremos ver, todo lo que no sabemos resolver y todo lo que no nos vemos capaces de afrontar. En esa mochila lo metemos todo, desde pequeños problemas de nuestra vida cotidiana hasta graves problemas que aparecen súbitamente. Sin darnos cuenta vamos almacenando nuestro dolor, nuestra pena, nuestra impotencia... en definitiva, todo tipo de bloqueos emocionales que nos acompañan, y que suponen un grave riesgo para disfrutar de una vida plena y saludable.

Las emociones no resueltas nunca mueren. Esas emociones atrapadas que vamos metiendo en la mochila se amplifican cada vez que nos encontramos ante situaciones con las que resuenan, llevándonos a reproducir determinadas reacciones y comportamientos con los que habitualmente nos sentimos incómodos. Cuanto mayor sea el sufrimiento causado por el suceso originario que desencadenó la emoción atrapada, o cuanto más la hayamos amplificado posteriormente, mayor será la probabilidad de su reactivación futura.

Todos arrastramos bloqueos emocionales que nos conducen a sufrir innecesariamente durante buena parte de nuestra vida, repitiendo patrones vivenciales.

Las respuestas emocionales que generamos al activarse nuestros bloqueos emocionales son mecanismos de supervivencia. Supuestamente nos mantienen alejados del peligro y nos impulsan hacia lo que puede resultarnos beneficioso.

Los bloqueos emocionales nos afectan tanto a nivel emocional como a nivel físico –están en el origen de multitud de enfermedades–. Basta entender que cada emoción vibra con una determinada frecuencia energética, para darte cuenta de que hay un órgano, o un lugar específico en el cuerpo en el que resuena con mayor intensidad, lo que impide que tanto el oxígeno como los nutrientes lleguen con fluidez y regularidad. Es precisamente en ese lugar donde se abre la puerta a la aparición de enfermedades.

Afortunadamente, el proceso es prácticamente reversible a todos los niveles y, como veremos a continuación, disponemos de distintas técnicas que nos permiten liberar los bloqueos emocionales de forma rápida, fácil, efectiva, sin tener que sufrir y sin efectos secundarios.

Acostumbramos a buscar el origen de un determinado bloqueo emocional en algún suceso específico acaecido a lo largo de nuestra vida, y ocasionalmente así es. Pero lo más habitual es que no sea un único suceso el que nos esté generando ese bloqueo. Lo que nos encontramos en la mayoría de las ocasiones es que son un conjunto de sucesos los que nos han llevado a sufrir un determinado bloqueo. Son un conjunto de emociones atrapadas las que se hallan detrás de él. Cuando permitimos que sea nuestro subconsciente el que nos guíe en la liberación de los bloqueos, observamos esto con absoluta claridad.

El origen de las emociones atrapadas que componen nuestros bloqueos emocionales podemos encontrarlo en cuatro momentos distintos de la historia:

- **Edad contemporánea (vida actual).** Periodo que transcurre desde el momento en el que nacemos hasta la actualidad. Lo más habitual es que estas emociones las hayamos sentido intensamente nosotros mismos, aunque también cabe la posibilidad de haberlas absorbido por resonancia con otras personas que teníamos cerca, especialmente cuando éramos niños. Se trata de un fenómeno similar a las neuronas espejo.
- **Periodo de gestación.** Periodo en el que estuvimos dentro del vientre de nuestra madre. Las emociones

bloqueadas durante este periodo acostumbran a ser emociones que nuestra madre sintió con intensidad en esos momentos. Hay técnicas que definen este periodo ampliándolo unos meses antes de la concepción y después del nacimiento, pero cuando es el subconsciente el que nos guía, queda limitado a los aproximadamente nueve meses que dura el embarazo.

- **Transgeneracional.** Se trata de emociones heredadas de nuestros antepasados. Padres, abuelos, tíos, bisabuelos, etc., suelen estar en el origen de buena parte de los bloqueos emocionales con los que cargamos.
- **Vidas pasadas.** Con independencia de nuestras creencias al respecto de la reencarnación, lo que resulta evidente al trabajar en la liberación de bloqueos emocionales, especialmente cuando permitimos a nuestro subconsciente que nos guíe, es que algunos provienen de otras vidas en las que hemos estado. Habitualmente se trata de bloqueos emocionales relacionados directamente con el momento de la muerte.

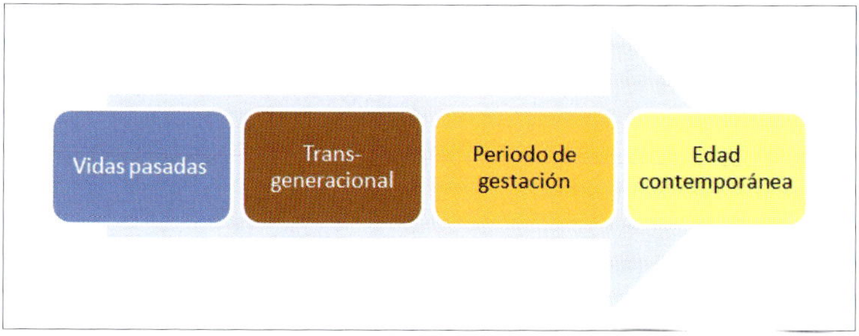

Figura 23. Origen de las emociones atrapadas

En cualquier caso, comprender el porqué de nuestra programación actual no nos conduce a la transformación. Con las técnicas que utilizamos en el método INTEGRA no profundizamos más allá de lo que nuestro subconsciente considera estrictamente necesario en cada caso.

Al igual que no es imprescindible tener conocimientos sobre el funcionamiento interno de un automóvil para poder conducirlo, tampoco lo es conocer el mecanismo que desencadena y lleva a quedarse atrapada una determinada emoción para liberarla. A continuación entenderás el porqué de esta afirmación. La clave está en cambiar la perspectiva y entender las emociones, no desde su interpretación, sino desde el punto de vista energético, tal como nos indicó Nikola Tesla al decir: «Si quieres encontrar los secretos del universo, piensa en términos de energía, frecuencia y vibración».

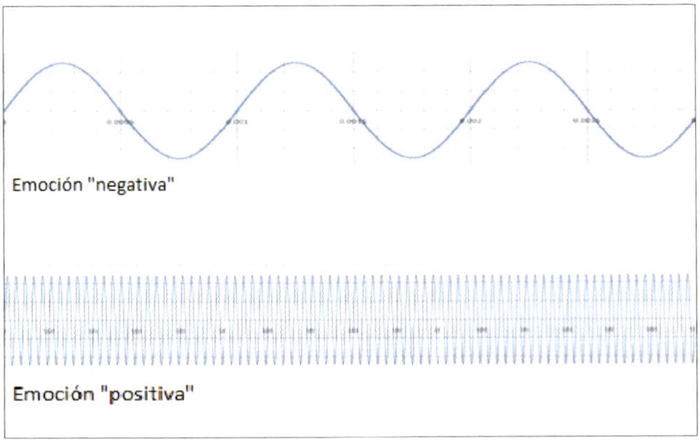

Figura 24. Representación visual de la energía de las emociones

Cada emoción vibra con una frecuencia energética característica que la diferencia de todas las demás. Las emociones «positivas» vibran en frecuencias muy elevadas, mientras que las «negativas» lo hacen en bajas frecuencias. La diferencia de frecuencia es mucho mayor que la que podemos observar en el gráfico adjunto, pero su observación nos permite hacernos a la idea del concepto que estamos transmitiendo.

La física nos dice que cuando dos energías entran en contacto, el resultado es la suma de ambas, de modo que para poder neutralizar una determinada frecuencia energética, lo que debemos generar es la energía formada por la frecuencia opuesta.

Imagina por un momento que tienes una emoción «negativa» atrapada, con su lenta frecuencia energética. Resulta obvio, observándolo de este modo, que una emoción de elevada frecuencia energética, como sería una emoción «positiva», jamás permitirá eliminar la energía de la emoción atrapada con baja frecuencia energética. Es por ello por lo que las técnicas basadas en generar emociones «positivas» no nos llevarán nunca a liberar los bloqueos emocionales. Nos harán sentir bien durante un rato, mientras duren los efectos de dicha emoción, pero con el tiempo esos efectos se desvanecen, y lo que perdura es el bloqueo previamente existente.

Analizándolo desde el punto de vista energético, son únicamente dos los caminos que nos pueden permitir deshacernos de una emoción atrapada o de un bloqueo emocional:

1. Amplificarla lo suficiente para que pueda llegar a liberarse. Este camino es similar a lo que se hace en el tratamiento de las piedras del riñón, donde se genera una energía que entra en resonancia constructiva con la energía de la propia piedra, hasta que la

amplificación es tal que las moléculas de la piedra no pueden mantenerse unidas y acaban rompiéndose.

2. Generar la energía opuesta, de modo que al juntarse con la energía de la emoción, la suma dé como resultado la eliminación de ambas. En este caso lo que se genera es una interferencia destructiva. Este camino es similar al empleado por los protectores acústicos profesionales con cancelación activa del ruido, que en lugar de establecer una barrera que impida la penetración del ruido, lo que hacen es captar dicho ruido y generar un sonido con la frecuencia energética opuesta, de modo que al juntarse ambas frecuencias, la suma es cero, y por tanto se crea el silencio.

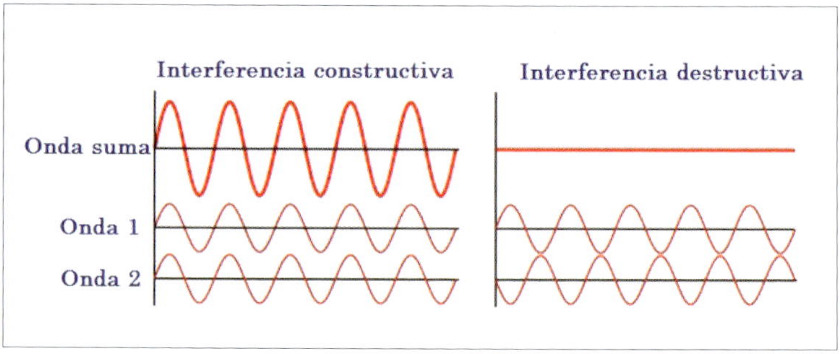

Figura 25. Caminos para liberar un bloqueo emocional

Pese a ser el utilizado mayoritariamente por las técnicas que buscan la liberación de bloqueos emocionales, el camino de la amplificación es un camino peligroso. Por medio de revivir el suceso traumático que se halla en el origen de cada bloqueo, y de sentir intensamente cada emoción, el proceso de amplificación lleva al individuo a sufrir innecesariamente, sin ninguna garantía de que dicho bloqueo llegue a ser liberado. Dada la intensidad emocional con la que se vive el proceso y la relajación que se consigue al finalizar, se genera una falsa sensación de liberación, que en la mayoría de los casos desaparece con el paso de las horas.

La amplificación energética de un bloqueo emocional como camino para su liberación es tremendamente arriesgado y en ningún caso garantiza los resultados, puesto que nunca se sabe hasta qué punto debe ser amplificada la emoción para poder liberarla.

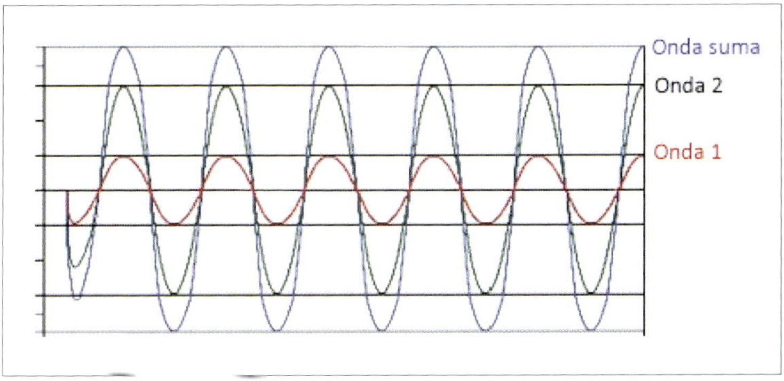

Figura 26. Amplificación energética (resonancia constructiva)

Todos esos caminos que nos llevan a remover el pasado, a identificar los sucesos que nos causaron determinados traumas y a revivir intensamente esas emociones dolorosas, nos conducen por el camino de la amplificación energética. Nos llevan a sufrir intensamente durante el proceso, con la esperanza de ser capaces de liberar el bloqueo emocional. El mayor problema en estos casos es dejarlo a medias. El dolor, juntamente con la lentitud habitual de estos procesos, conduce a muchas personas a abandonar, por lo que se quedan peor de lo que estaban.

El efecto de amplificar un bloqueo emocional sin llegar a liberarlo provoca una mayor facilidad para su activación posterior. Serán más las situaciones habituales del día a día de la persona en las que dicho bloqueo se active, generando esa respuesta emocional tan desagradable.

Además, el propio proceso por el que se pasa al amplificar energéticamente un bloqueo emocional conduce en ocasiones a la aparición de nuevos traumas o bloqueos relacionados con el propio proceso.

Cuando generamos la energía opuesta,[2] la situación es totalmente diferente, como podemos observar en la siguiente imagen.

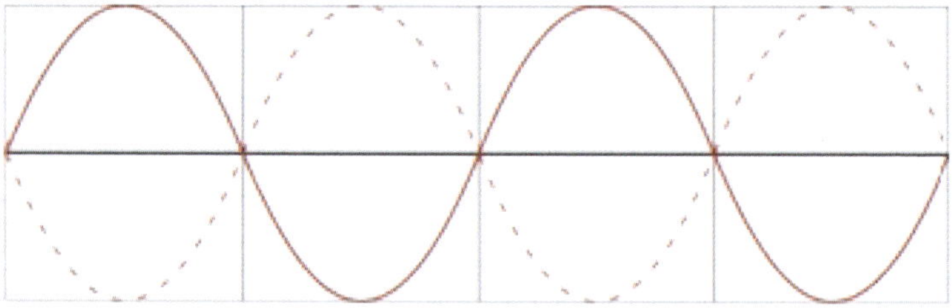

Figura 27. Energía opuesta (resonancia destructiva)

Se trata de un camino totalmente seguro, en el que no es necesario conocer el origen de la emoción, y mucho menos experimentarla nuevamente. Tan solo debemos ser capaces

2. No confundir la energía opuesta con la emoción opuesta. La emoción opuesta es una interpretación mental, que no guarda relación energética alguna con la emoción original.

de generar una energía que al entrar en resonancia con la energía bloqueada genere una suma cero, lo que se llama generar una resonancia destructiva.

Como veremos a continuación, este último es el camino que seguimos en el método INTEGRA para deshacernos de los bloqueos emocionales y levar anclas.

La liberación de bloqueos emocionales es un elemento clave en la transformación. De no llevarla a cabo, corremos el riesgo de hacer un trabajo infructuoso. Como ya he comentado, los bloqueos emocionales son una especie de ancla que nos impide navegar con libertad, controlar nuestros estados emocionales y en muchas ocasiones disfrutar de una vida sana.

En los últimos años he tenido la ocasión de observar cómo la liberación de bloqueos emocionales, por cualquiera de los dos caminos propuestos a continuación, ha transformado radicalmente la vida de cientos de personas. Es en los casos de patologías, tanto físicas como emocionales, donde con mayor rapidez y evidencia se observan los resultados. Cuando el origen de una determinada patología está en bloqueos emocionales, la liberación de estos conduce directamente a la autosanación. Afortunadamente, he sido testigo de esta realidad en múltiples ocasiones, incluso en personas a las que se ha diagnosticado patologías supuestamente terminales.

En mi primer libro, *Escoge tu camino a la felicidad y el éxito*, analizaba decenas de técnicas que abordan la liberación de bloqueos emocionales con enfoques muy distintos. Muchas de ellas siguen el camino de la amplificación energética, como es el caso de la biodescodificación, las constelaciones familiares, el viaje o la técnica EMDR. Por otro lado están las que en mayor o menor medida trabajan desde la generación de la energía opuesta, como es el caso del código de la emoción o las técnicas que utilizan el *tapping*.

Cualquiera de las técnicas mencionadas puede llevarnos a la liberación de bloqueos emocionales, pero no todas lo hacen con la misma seguridad, fiabilidad y rapidez.

El método INTEGRA incorpora dos técnicas que nos permitirán liberar bloqueos emocionales de forma totalmente segura, fiable, rápida y, por supuesto, sin dolor: la liberación emocional y el exclusivo RESET EMOCIONAL del método INTEGRA.

LIBERACIÓN EMOCIONAL

La técnica liberación emocional está inspirada en *El Código de la Emoción*, del doctor Bradley Nelson, y nos permitirá identificar una a una las emociones atrapadas dentro de cualquier bloqueo, así como neutralizar sus energías latentes.

Un bloqueo emocional generado a raíz de un determinado suceso puede estar compuesto por una o varias emociones atrapadas. El proceso que aprenderás en este apartado te permitirá identificar la existencia de bloqueos emocionales, así como de todas las emociones que lo componen, y liberarlas.

Los bloqueos emocionales y las emociones atrapadas que serán objeto de liberación por medio de esta técnica son exclusivamente las emociones «negativas». Los anclajes emocionales generados a partir de emociones positivas resultan altamente beneficiosos, y son por tanto deseables. De ahí que muchos cursos de desarrollo de habilidades utilicen ejercicios para provocar emociones positivas en los participantes, al atreverse estos a realizar actos que en circunstancias normales no serían capaces.

Al no realizar esta técnica ningún tipo de amplificación energética de las emociones atrapadas, el efecto de cualquier liberación de un bloqueo emocional, o de una emoción atrapada, solo puede ser beneficioso.

Los resultados de aplicar esta técnica pueden notarse de forma inmediata, especialmente cuando existe algún tipo de malestar físico o emocional.

Para utilizarla necesitarás únicamente dos cosas: un imán de nevera y tener la capacidad de diferenciar la respuesta sí de la respuesta no al utilizar el test muscular.

Las personas, al igual que los animales –incluidos los insectos–, tenemos magnetita (mineral formado de óxido de hierro) en las células del cerebro. Las partículas de magnetita son los imanes más pequeños que existen en la naturaleza, y están relacionadas con los ritmos ultradianos y circadianos del ser humano. La magnetita es el elemento que dota a los animales de la capacidad de orientarse con el campo magnético de la Tierra. Palomas mensajeras, aves y peces migratorios, abejas, mariposas, etc., serían incapaces de orientarse sin la existencia de este mineral en sus cerebros.

La magnetita de nuestro cerebro hace que las terapias por estimulación magnética (imanes) sean realmente eficaces en muchos tratamientos, al provocarse la modificación de determinadas frecuencias energéticas, como es el caso de las técnicas que veremos a continuación.

Tanto en esta técnica como en el Reset emocional, el imán se utiliza para transformar la frecuencia energética de la intención a través del Meridiano Gobernador. Este es el método principal por el que te desharás de tus emociones atrapadas, liberando de ese modo tus bloqueos emocionales.

El imán no extrae energía alguna de nuestro cuerpo. Lo que hace es ayudarnos a crear las energías que necesitamos para contrarrestar aquellas de las que nos queremos librar.

EMBARAZADAS Y PORTADORES DE MARCAPASOS, ASÍ COMO DE OTROS IMPLANTES QUE PUEDAN VERSE AFECTADOS POR EL CAMPO MAGNÉTICO DEL IMÁN, SOLO DEBEN UTILIZAR ESTA TÉCNICA CON LA APROBACIÓN DE UN MÉDICO.

La técnica de liberación emocional es realmente sencilla, y consiste en gran medida en un diálogo con tu subconsciente, a fin de obtener información de las emociones que están generando el bloqueo. Antes de aplicarla por primera vez es recomendable leer todos los pasos a fin de entender el proceso en su totalidad.

A lo largo del proceso identificaremos y liberaremos todas las emociones atrapadas que componen un determinado bloqueo emocional.

Si has leído y aplicado alguno de mis anteriores libros, observarás que el proceso descrito a continuación varía sensiblemente. El proceso ha sido simplificado y optimizado para eliminar el funcionamiento basado en excepciones, facilitando de este modo la liberación de emociones heredadas y emociones de otras vidas, algo poco habitual en las transformaciones objeto de mis otros libros, pero bastante frecuente cuando se trabaja con objetivos definidos a medida.

El proceso que sigue la técnica de liberación emocional consiste en lo siguiente:

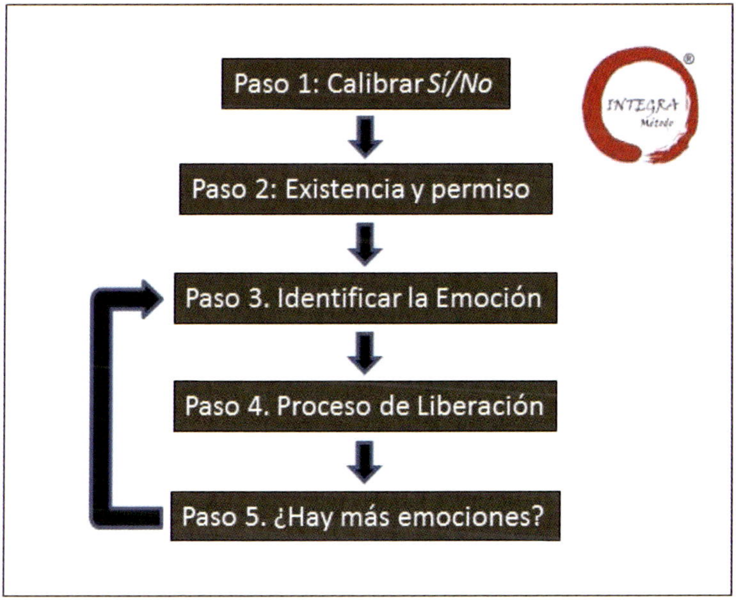

Figura 28: Proceso de liberación de bloqueos emocionales

Las frases que se emplean a lo largo de todo el proceso son afirmaciones o preguntas que debes someter a test muscular a fin de buscar una respuesta sí o no por parte de tu subconsciente.

Paso 1. Calibrar sí/no

Lo primero que debes hacer al iniciar cualquier proceso de liberación de bloqueos emocionales es identificar claramente las respuestas sí y no que obtienes a través del test muscular. El método más simple consiste en realizar el test muscular con la frase: *Mi nombre es* ____________________ diciendo en una ocasión tu nombre correcto y en otra ocasión un nombre falso. Puedes probar también con cualquier otro estímulo que hayas identificado anteriormente y que te ofrezca la posibilidad de diferenciar claramente las respuestas.

Paso 2. Existencia y permiso

Somete al test muscular la siguiente afirmación:

Existe un bloqueo emocional que esté en el origen de...[3]

Si la respuesta es no, no existe ningún bloqueo emocional relacionado con este problema. Si la respuesta es sí, somete al test muscular:

Puedo liberarlo ahora.

Si la respuesta es sí, continúa con el paso 3.

Si la respuesta a la primera pregunta es sí y a la segunda es no, tu subconsciente te estaría diciendo que este no es el momento para liberar dicho bloqueo, pero eso no quiere decir que en otro momento no puedas hacerlo. Lo que debes hacer en ese caso es consultar:

¿Puedo liberar este bloqueo en otro momento con esta técnica?

y en caso afirmativo volver a intentarlo en un momento de mayor tranquilidad o con más tiempo disponible.

3. Puedes utilizar otras variantes de esta frase, como por ejemplo: «Existe un bloqueo emocional que me impida...», «Existe un bloqueo emocional que me esté provocando...»...

Paso 3. Identificar la emoción

En el proceso de identificación de la emoción atrapada utilizarás la Tabla de emociones atrapadas que encontrarás en la página 112. Debes permitir que sea tu subconsciente el que te guíe en la identificación de la cuadrícula, y posteriormente de la emoción concreta dentro de dicha cuadrícula. Para ello, identificarás primero el tipo de emoción, a continuación la columna, la fila y, por último, la emoción concreta dentro de la cuadrícula.

No es necesario mirar las emociones que hay en el cuadro hasta el final del proceso de identificación. La información que hay en la tabla es energía, de modo que poniendo la intención de buscar dentro de esa tabla, accedemos directamente a esa energía, y nuestro subconsciente nos lleva directamente hasta la emoción que buscamos.

Deja de lado toda suposición o creencia que tengas respecto del posible resultado y permanece abierto a cualquier respuesta.

Para identificar la emoción atrapada, somete al test muscular las siguientes cuestiones.

Identificar el tipo de emoción

Lo primero que vamos a buscar es si la emoción que se desea liberar proviene de esta vida, si es heredada, si viene del periodo de gestación o bien si es de una vida pasada. Para ello, somete al test muscular la afirmación:

La emoción atrapada es de esta vida.

Si la respuesta es negativa, prueba con «...es heredada», «...es del periodo de gestación» y «...es de una vida pasada». En alguna de las cuatro opciones deberá darte una respuesta afirmativa.

Identificar la columna

La emoción atrapada está en la columna A.

Si la respuesta es negativa, prueba con la columna B, y luego con la C.

Identificar la fila

La emoción atrapada está en una fila PAR.

Si la respuesta es negativa, prueba con una fila IMPAR.

A continuación, busca la fila exacta (en este punto deberás buscar en las filas 1, 3 o 5 si la respuesta a la pregunta anterior era fila impar, y en las filas 2, 4 o 6 si era fila par):

La emoción atrapada está en la fila 1...

Detén el proceso de búsqueda en el momento en que obtengas una respuesta afirmativa para una fila.

Identificar la emoción exacta

En este punto realiza la afirmación siguiente con cada una de las dos o tres emociones incluidas en la cuadrícula a la que hayas llegado:

La emoción atrapada es...

En caso de querer eliminar cualquier posible interferencia de tu mente consciente, limítate a observar cuántas emociones hay en la cuadrícula, sin leerlas, y realiza la consulta diciendo: «La emoción atrapada es la primera», «...es la segunda»...

Si en algún momento del proceso obtienes una respuesta conflictiva o poco clara, respira profundamente, relájate y repítete mentalmente: «Voy a obtener una respuesta que me permita identificar claramente la emoción que busco», e inténtalo de nuevo. Si persiste, hidrátate la boca con agua, descansa durante unos minutos y vuelve a intentarlo.

Tabla de identificación de las emociones atrapadas

Esta tabla incluye un número limitado de emociones, por lo que existe la posibilidad de no encontrar en ella la emoción que buscas. Si te ocurre, puedes preguntar si es posible liberar la emoción a través de alguna otra emoción que sí esté en la tabla:

Puedo liberar esta emoción a través de alguna otra emoción que esté en la tabla.

En caso de obtener una respuesta afirmativa, procede a buscar la emoción por medio de la cual liberar la emoción original, y continúa el proceso con la emoción que encuentres.

Nuestro subconsciente puede llevarnos a identificar la misma emoción en más de una ocasión. No debe sorprenderte, ya que con un mismo nombre englobamos distintas frecuencias energéticas. La mayor o menor riqueza de

TABLA DE IDENTIFICACIÓN DE EMOCIONES ATRAPADAS			
	Columna A	**Columna B**	**Columna C**
Fila 1	Vergüenza Ira - rabia	Tristeza - pena Frustración Soberbia	Remordimiento Insatisfacción
Fila 2	Arrogancia Desamparo	Fracaso Preocupación	Ansiedad Dependencia
Fila 3	Culpa Miedo Pérdida	Humillación Sufrimiento	Desprotección Desconsuelo
Fila 4	Asco Lujuria Apatía	Amor no recibido Impotencia	Celos Orgullo Indecisión
Fila 5	Confusión Odio Desesperación	Falta de control Engaño Rechazo	Inseguridad Resentimiento
Fila 6	Anhelo Nerviosismo	Desprecio Obstinación Conflicto	Estrés Abandono

Figura 29. Tabla de identificación de las emociones atrapadas

nuestro idioma a la hora de definir emociones nos conducirá a que estas situaciones se den en mayor o menor medida. Si te ocurriese, continúa con el proceso como si fuese la primera vez que se presenta. En el momento de identificar su origen, tu subconsciente te llevará a una experiencia programante diferente a la anterior.

Lo normal es sentirnos familiarizados con las emociones que vamos a liberar. Suelen ser emociones que hemos sentido habitualmente a lo largo de nuestra vida, aunque no siempre es así. En ocasiones no se trata de ninguna con la que nos identifiquemos. Esto ocurre por la propia estructuración de las emociones. Una emoción que nosotros sentimos intensamente no tiene por qué corresponder a un bloqueo emocional de esa misma emoción. Puede ser el resultado de la suma de otras emociones que tenemos ancladas en nuestro interior. Y dado que algunas de estas emociones atrapadas proceden de nuestros antepasados, o incluso de vidas pasadas, no tienen por qué ser familiares para nosotros en esta vida.

En el anexo 1 encontrarás una breve definición de las emociones incluidas en la anterior tabla de identificación de las emociones atrapadas.

Paso 4. Proceso de liberación

El proceso de liberación de la emoción atrapada consta de dos partes. La primera consiste en indagar sobre el origen de dicha emoción cuando sea necesario, mientras que la segunda es realmente el proceso de liberación.

Profundizar

Hay ocasiones, las menos, en que el subconsciente requiere traer a nivel consciente alguna información adicional. Debes verificar si es el caso realizando la siguiente consulta:

Puedo proceder a liberar ya ésta emoción.

En caso de obtener un no por respuesta, deberás conseguir más información. Para ello te será útil saber de qué tipo es la emoción:

Emociones de esta vida: por lo general, basta con identificar la emoción, y en caso de tener que profundizar,

basta con encontrar un rango de cinco años en los que se quedó atrapada la emoción y traer a la mente consciente el suceso programante. Normalmente no es necesario verbalizarlo.
Busca el momento en que se quedó atrapada la emoción consultando:

Esta emoción quedó atrapada mis primeros diez años de vida», «...entre los once y los veinte...

Una vez hallado el rango de cinco años, piensa en algún suceso que te pudiera haber hecho sentir esta emoción intensamente[4] y somete al test muscular la siguiente afirmación:

El origen de esta emoción está en este recuerdo.

En caso de no ser ese recuerdo el suceso programante, busca otro. En caso de que lo sea, vuelve a consultar:

Puedo proceder a liberar ya esta emoción.

Si obtienes un no por respuesta (poco habitual), deberías indagar sobre quién estuvo involucrado en la creación de la emoción atrapada –¿fue provocada por un hombre?, ¿por un amigo?, ¿por un familiar?–, o cualquier otra información que se te ocurra que pueda serte

4. En los primeros seis años de vida, podríamos haber absorbido esa emoción por resonancia de alguien que tuviéramos cerca: padres, hermanos, abuelos, etc.

de utilidad. En casos excepcionales, puede requerir que el recuerdo sea verbalizado.

Emociones del periodo de gestación: por lo general, basta con identificar la emoción.

Emociones heredadas: son emociones que quedaron atrapadas antes de nacer. Normalmente, basta con identificar la emoción, y en el caso de tener que profundizar, buscar la persona de la que fue heredada:

Esta emoción ha sido heredada de alguno de mis abuelos», «De mi abuelo paterno»...

En ocasiones puntuales es necesario profundizar sobre cuándo se generó, quién más estuvo involucrado en la situación que la originó, etc.

Emociones de otras vidas: por lo general, basta con identificar la emoción.

Con independencia del tipo de emoción que se trate, cada vez que descubras información adicional, recuerda volver a preguntar si puedes proceder a liberarla ya. En el momento en que obtengas una respuesta afirmativa, dirígete al punto 2 de este cuarto paso y libérala.

Mi consejo es que no profundices por curiosidad más allá de lo necesario, ya que haciéndolo incurres en el riesgo de entrar en resonancia con la emoción y amplificarla. La curiosidad únicamente le sirve a nuestra mente consciente, no le aporta nada positivo al proceso de liberación.

En ocasiones puntuales ocurre que a pesar de haber realizado todas las consultas que te vienen a la cabeza, el subconsciente sigue indicando que debes conocer más. En esos casos te recomiendo no involucrar a otras personas ni utilizar técnicas tipo regresión. Mi recomendación es que le consultes a tu subconsciente si es posible liberar la emoción a través de algún otro recuerdo:

¿Puedo liberar esta emoción a través de algún otro suceso en mi vida?

En caso de obtener una respuesta afirmativa, procede a buscar el momento de tu vida en el que aconteció dicho suceso, teniendo presente el tipo de emoción original en el momento que procedas a la liberación en el punto 2.

Nuestro subconsciente nos dirige siempre al suceso programante, o lo que es lo mismo, al momento en que la emoción se quedó grabada. Pero la liberación podemos hacerla también por medio de cualquier otro suceso en el que dicha emoción se haya visto activada. En realidad el proceso nos lleva a identificar no una emoción, sino una determinada energía, y esa energía es similar en todas las situaciones de nuestra vida en las que haya resonado con dicha emoción.

Liberar la emoción atrapada

Para liberar la emoción atrapada una vez tu subconsciente te ha indicado que puedes hacerlo, actúa de la siguiente manera:

- Con los ojos cerrados, concéntrate en tu intención de liberar la emoción atrapada.
- Es preferible que ni siquiera pienses en la emoción de la que se trata y, por supuesto, no debes revivirla en estos momentos. Hacerlo te llevaría a conseguir el efecto contrario al que buscamos.

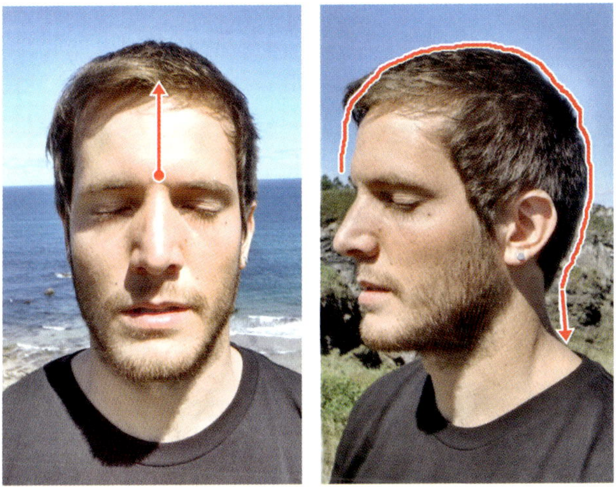

Figura 30: Movimiento del imán

- Colócate el imán[5] entre las cejas sobre la piel (no es preciso que esté en contacto con la piel) y mientras continúas respirando con normalidad deslízalo hacia arriba por el medio de la frente, continúa por la parte superior de la cabeza y luego hazlo bajar por detrás de la cabeza y por la parte posterior del cuello hasta donde puedas llegar cómodamente.

5. Es válido cualquier imán de escasa potencia, ya sea de ferrita o neodimio, como los imanes publicitarios que acostumbramos a colocar en el frigorífico.

Repite este proceso **TRES VECES EN EL CASO DE EMOCIONES DE ESTA VIDA O DE EMOCIONES DEL PERIODO DE GESTACIÓN**. Si se trata de **EMOCIONES HEREDADAS Y DE EMOCIONES DE VIDAS PASADAS**, deberás pasar el imán **DIEZ VECES**.

Confirmar la liberación de la emoción

Para confirmar que la emoción se ha liberado, realiza la consulta:

¿Esta emoción ha sido liberada?

Si la respuesta obtenida es no, repite el apartado anterior, incrementando tu nivel de concentración en la intención de dejar marchar la emoción.

Nota: cuando el subconsciente nos indica que podemos proceder a liberar una emoción, tan solo es cuestión de generar la transformación energética precisa para liberarla. En algunos casos eso puede requerir tener que pasar más veces el imán mientras ponemos la correspondiente intención, y en casos especiales habrá que utilizar un imán de mayor potencia.

Paso 5. ¿Hay más emociones?

Una vez hemos liberado una emoción atrapada, verificaremos si queda alguna otra que deba ser liberada. Para ello consulta:

¿Hay alguna otra emoción atrapada que deba ser liberada?

Si la respuesta es sí, deberás consultar:

¿Puedo liberarla ahora?

y actuar en consecuencia.

Si queda alguna otra emoción y puedes liberarla ahora, vuelve a comenzar el paso 3. Si no puedes liberarla ahora, debes continuar en otro momento. En estos casos es preferible retomar el proceso después de haber dormido unas horas.

En caso de no haber más emociones atrapadas que deban ser liberadas, ¡enhorabuena!, has llegado al final del proceso.

***

Habrás observado que se trata de una técnica muy simple, que no requiere de gran experiencia ni conocimientos. Únicamente es preciso preguntarle al subconsciente siguiendo los pasos establecidos.

La liberación de todas las emociones atrapadas que componen un bloqueo emocional provoca automáticamente que quede liberado. Un bloqueo no es más que la suma de las emociones que lo componen. En consecuencia, no es preciso realizar comprobaciones adicionales, aunque puedes hacerlas si lo deseas.

Los bloqueos emocionales liberados, ya sea utilizando la técnica liberación de emociones que acabas de ver o por medio del RESET EMOCIONAL del método INTEGRA que te mostraré a continuación, desaparecen para siempre. Eso no impide que puedan aparecer en el futuro otros bloqueos similares como consecuencia de nuestras experiencias del día a día.

Antes de continuar, te recomiendo que identifiques si existe algún bloqueo emocional que te impida utilizar el método INTEGRA, y en caso de existir procede a liberarlo tal como acabas de aprender. Comienza el proceso con la

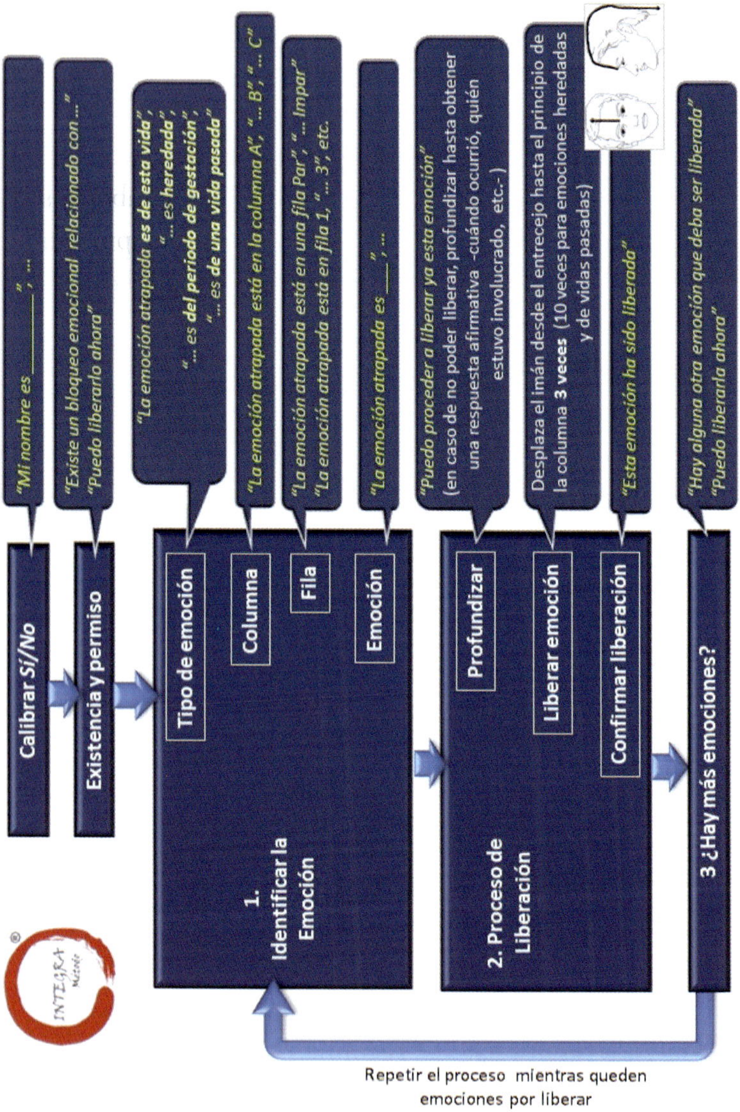

Figura 31. Proceso de liberación de bloqueos emocionales

cuestión: «Tengo algún bloqueo emocional que me impida utilizar correctamente el método INTEGRA».

Ahora que ya conoces la técnica liberación emocional, experimenta con ella. Define un objetivo claro y utiliza frases como «tengo algún bloqueo emocional que me esté impidiendo alcanzar este objetivo», «tengo algún bloqueo emocional que me esté generando este problema»... También es posible aplicarlo para buscar y liberar bloqueos que puedan estarte provocando algún problema físico, emocional o simplemente que te estén llevando a comportarte de un modo que te desagrada.

En el caso de patologías debes tener presente que los bloqueos emocionales pueden incidir en distintos niveles:

- En el origen de la patología, de modo que sean los causantes directos de esta.
- Como dinamizadores de la evolución de la patología. En estos casos, aun no siendo la causa principal de la aparición de la patología, la presencia del bloqueo emocional acelera su desarrollo.
- Impidiendo la recuperación. Hay bloqueos emocionales que nos impiden una rápida y correcta recuperación.

Si esta técnica te ha parecido fácil, rápida, segura y aséptica, el RESET EMOCIONAL que verás a continuación te puede parecer mágico. Te ruego que antes de sacar conclusiones o emitir juicio alguno, te limites a probarlo.

Reset emocional

El Reset emocional es una técnica exclusiva de método integra, que nació como respuesta a mi objetivo personal de poder realizar desbloqueos emocionales con grupos de personas en los cursos de transformación que realizamos o en cualquier tipo de evento multitudinario.

Después de muchas investigaciones y experimentaciones, y tras no encontrar nada entre las muchas técnicas estudiadas que permitiera realizar lo que yo estaba buscando, comencé a experimentar primero individualmente y después en los cursos lo que acabaría siendo el Reset emocional.

He de decir que me siento muy satisfecho de poder compartir el Reset emocional en este libro, ya que soy consciente de las muchas personas a las que puede ayudar y del enorme impacto que puede tener en la transformación de la sociedad.

Como si de un *reset* informático se tratara, por medio del cual se libera toda la información almacenada en la memoria del ordenador, nosotros procederemos a liberar todas esas memorias emocionales que nos sobran, sin tener que identificar una a una las emociones que componen cada bloqueo.

Por medio del Reset emocional liberaremos todos aquellos bloqueos emocionales que se hallen relacionados con el objetivo perseguido, y consecuentemente las emociones atrapadas que los componen.

La dirección en la que miramos establece una activación cerebral específica, así como el acceso a determinada información a nivel subconsciente. Técnicas como EMDR o Brainspotting utilizan los movimientos oculares y la fijación de la mirada en sus procesos terapéuticos. En nuestro caso, la empleamos como puerta de acceso para la realización de una liberación emocional selectiva.

Cada lugar en el que fijamos nuestra mirada durante el RESET nos permitirá acceder a determinadas frecuencias energéticas y liberar un determinado grupo de emociones. Hacerlo secuencialmente, fijando nuestra mirada en distintos puntos, nos permite liberar de forma gradual buena parte de las emociones atrapadas que llevamos a cuestas.

Cada individuo será responsable de definir el objetivo perseguido con cada RESET, que puede ir desde algo muy específico, como por ejemplo liberar los bloqueos que le impidan ganar y acumular dinero en abundancia, hasta algo muy amplio, como sería liberar todos los bloqueos emocionales que le dificulten desarrollar todo su potencial en todos los ámbitos de su vida.

El proceso que se ha de seguir para realizar el RESET EMOCIONAL del método INTEGRA es el siguiente:

Definir el objetivo perseguido

El primer paso del RESET es la identificación del objetivo.

A modo de ejemplo, si estás trabajando un tema en concreto, el objetivo podría ser liberar todos los bloqueos que estén relacionados con ese tema. Si lo que buscas es solucionar un tema de salud, el objetivo podría ser la liberación de todos los bloqueos que estén en el origen de dicho problema.

Existencia y permiso

Consultar mediante el test muscular:

¿Existe algún bloqueo emocional relacionado con este objetivo?

En caso afirmativo, pregunta:

¿Puedo liberarlo ahora con un Reset emocional?

En caso afirmativo, continúa en el punto 3.

Si la respuesta a esta última pregunta es un no, deberás utilizar la técnica anterior –liberación emocional.

Liberación

Con los ojos cerrados, fijar la mirada secuencialmente en los puntos 1 a 5, y mientras se repite mentalmente la intención durante todo el proceso, pasar dos veces el imán[6] desde el entrecejo hasta la nuca, con cada posición de ojos.

La intención debe ser dejar marchar todos los bloqueos emocionales que interfieren en el objetivo que hayas definido.

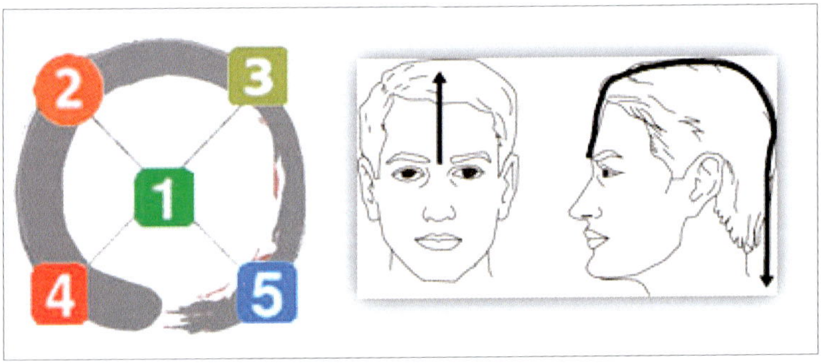

Figura 32. Liberación con el Reset emocional

Punto 1: mirada al frente.

Punto 2: mirada arriba a la izquierda.

6. Es válido cualquier imán de escasa potencia, ya sea de ferrita o neodimio, como los imanes publicitarios que acostumbramos a colocar en el frigorífico.

Punto 3: mirada arriba a la derecha.
Punto 4: mirada abajo a la izquierda.
Punto 5: mirada abajo a la derecha.

Verificar liberación

Verificar con el test muscular que todos los bloqueos emocionales, susceptibles de ser liberados ahora y que estaban relacionados con el objetivo, han sido liberados con éxito:

Todos los bloqueos emocionales susceptibles de ser liberados ahora han sido liberados con éxito.

En caso de obtener una respuesta no, repetir el proceso fijando la mirada en los puntos 6 a 9, mientras se mantiene la misma intención de dejar marchar todos los bloqueos emocionales y se pasa el imán dos veces en cada punto. Volver a verificar al finalizar.

Punto 6: mirada arriba.
Punto 7: mirada abajo.
Punto 8: mirada a la izquierda.
Punto 9: mirada a la derecha.

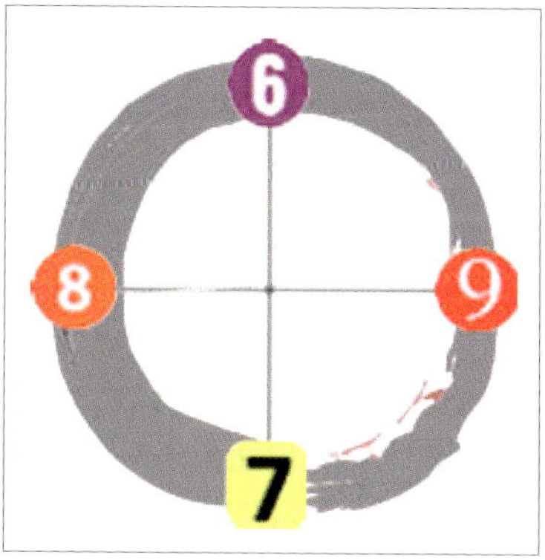

Figura 33. RESET. Puntos ampliados

Si se comprueba que todavía no han sido liberados, repetir el proceso del paso anterior (liberación).

Con este proceso se liberarán todos los bloqueos emocionales que pueden ser liberados en estos momentos. Podría quedar alguno adicional que deba ser liberado posteriormente, como veremos a continuación.

Verificar la existencia de bloqueos adicionales

Con el test muscular, verificar si queda algún otro bloqueo emocional que deba ser liberado en otro momento:

¿Existe algún bloqueo emocional que deba ser liberado en otro momento?

En caso afirmativo, repetir el proceso al día siguiente.

Nuestro subconsciente nos guía en todo momento por el proceso más seguro para nosotros, de modo que puede llevarnos a realizar la liberación total en una o en varias sesiones. En cualquier caso, siguiendo sus indicaciones el proceso será totalmente seguro.

* * * *

Con cualquiera de las dos técnicas que acabas de ver podrás deshacerte de los bloqueos emocionales que te atan a todas esas respuestas instintivas tan incómodas o a esas patologías que te impiden disfrutar intensamente de la vida. Tanto si utilizas la liberación emocional como si lo haces por medio del RESET EMOCIONAL, en pocos minutos dejarás atrás años de sufrimiento y dolor, y volverás a ser tú mismo.

En situaciones especiales, nuestro subconsciente no nos permitirá utilizar el RESET EMOCIONAL para liberar un determinado bloqueo. En estos casos debemos comenzar liberando emociones una por una utilizando la técnica de liberación emocional. Para entender el motivo voy a comentar un caso con el que me encontré recientemente. Se trataba de una mujer de menos de cuarenta años, con un tumor cerebral. Identificamos que existía un bloqueo emocional en el origen de dicho tumor y que no podía realizar la liberación utilizando el RESET EMOCIONAL. Optamos, por tanto, por la liberación emocional, que nos llevó a identificar una primera emoción atrapada de sufrimiento en la edad de cinco años. Su subconsciente únicamente nos permitió liberar dicha emoción cuando la mujer verbalizó el suceso, una violación que no había explicado a nadie en toda su vida. Una vez liberada esta emoción, su subconsciente nos permitió liberar el resto por medio del RESET EMOCIONAL. Resulta evidente que el hecho de no explicar el suceso a nadie podía generar algún otro bloqueo emocional en esta persona. En otras ocasiones el subconsciente nos lleva a liberar específicamente por medio del proceso de liberación emocional alguna emoción heredada, o de otras vidas. Recuerda que en estos casos debemos pasar más veces el imán para poder realizar la liberación, y ese puede ser el motivo para tener que liberar por ese camino.

Cuando estemos utilizando la técnica liberación emocional, y con independencia del número de emociones que hayamos liberado, siempre tenemos la posibilidad de preguntarle a nuestro subconsciente si podemos finalizar la liberación por medio del RESET.

La liberación de un determinado bloqueo emocional supone cambiar de forma inmediata, y en ocasiones drástica, nuestra propia frecuencia energética. El efecto más habitual es una sensación de relajación muscular y de expansión, como si sacásemos varias capas de ropa que nos comprimen. En cualquier caso, nuestro cuerpo debe adaptarse a la nueva vibración, por lo que podríamos sentir durante unos minutos, o incluso horas, un leve malestar que desaparece por sí solo, especialmente tras el reposo nocturno.

En el caso de la liberación de bloqueos emocionales relacionados con patologías físicas o con problemas emocionales específicos, los efectos acostumbran a verse de inmediato: desaparecen los dolores y los sentimientos negativos.

Tras la liberación de cualquier bloqueo emocional es recomendable hidratarse en abundancia. El agua facilita la consolidación de los cambios energéticos en el cuerpo.

Como ya sabes, la liberación de bloqueos emocionales es una parte importante en el proceso de transformación, pero no la única. En el próximo capítulo descubrirás varias técnicas con las que realizar otra de las partes fundamentales, la programación de creencias.

4

Programación de Creencias

Deja de mirar la paja en el ojo ajeno
y quítate la viga que tienes en el tuyo.

Jesús de Nazaret

Programar creencias es muy fácil. Todos lo hacemos a diario sin ser conscientes de ello. Hacerlo de modo que perduren y nos conduzcan directos al objetivo, con independencia de las circunstancias, requiere algo más de conocimientos y experiencia, no por la programación en sí, sino por el contenido que se desea programar.

Cualquiera, con independencia de su nivel cultural, conocimientos, experiencias u origen, puede programar creencias con facilidad y rapidez.

Si bien es cierto que cuanto más bajamos la frecuencia cerebral más acceso tenemos a nuestro subconsciente, también lo es que podemos programar creencias en cualquier nivel de frecuencias cerebrales, incluidos los niveles beta –precisamente en ellos acostumbramos a realizar la grabación espontánea de creencias, a partir de la adolescencia; con anterioridad a esas edades, el cerebro de los niños funciona en frecuencias inferiores (alfa y zeta), frecuencias en las que se produce la grabación.

Lo primero que debemos tener en mente cuando vamos a programar cualquier creencia es el efecto que esa programación tendrá sobre nuestro cuerpo, y en especial sobre nuestro cerebro.

La programación de una creencia comporta cambios físicos. Además de grabarse energéticamente la frecuencia de dicha creencia en nuestras células, se activan las conexiones neuronales necesarias para que esa creencia pueda generar un determinado patrón de comportamiento, tal como demostró el neurocientífico Jeffrey Fanning. Cada creencia requiere de una determinada activación neuronal en nuestro cerebro para poder ser ejecutada, y la simple grabación de una creencia genera dicha activación.

Las creencias limitantes se caracterizan por estar asociadas a activaciones cerebrales limitadas; cuando estas creencias entran en acción, alguno de los hemisferios cerebrales se halla parcial o totalmente desactivado.

Cuando programamos una o varias creencias, lo que estamos haciendo realmente es cambiar nuestra frecuencia vibratoria, al tiempo que ampliamos el número de conexiones neuronales en nuestro cerebro, integrando plenamente ambos hemisferios, situación imprescindible para desarrollar todo nuestro potencial.

Técnicas ampliamente difundidas como la programación neurolingüística, el método Silva, el Ho'oponopono o el Theta Healing, entre otras, permiten, con mayor o menor facilidad y rapidez, llevar a cabo la grabación de cualquier creencia, pero todas ellas carecen de un elemento clave: garantizar que ambos hemisferios cerebrales se hallen activados en el momento de la grabación.

Son muchas las técnicas que nos permiten grabar creencias a nivel subconsciente, pero muy pocas las que se aseguran de tener ambos hemisferios activados al hacerlo.

No tener alguno de los hemisferios cerebrales activados para una determinada creencia comporta que no se generen las conexiones neuronales necesarias para que dicha creencia pueda ejecutarse en el futuro.

En la siguiente imagen, extraída de uno de los muchos estudios realizados en Arizona por Jeffrey Fanning en el Centro para el Desarrollo Cognitivo, que dirige, podemos ver los efectos de la grabación de una creencia en el cerebro de una persona. Se puede observar claramente cómo las nuevas conexiones neuronales aparecidas tras la programación de la creencia (en color azul) vienen a complementar las conexiones neuronales existentes previamente (en color rojo), generando la integración total de ambos hemisferios cerebrales. Este efecto se puede observar en todos los niveles de frecuencias cerebrales, especialmente en beta, que es cuando nuestras creencias generan patrones de comportamiento.

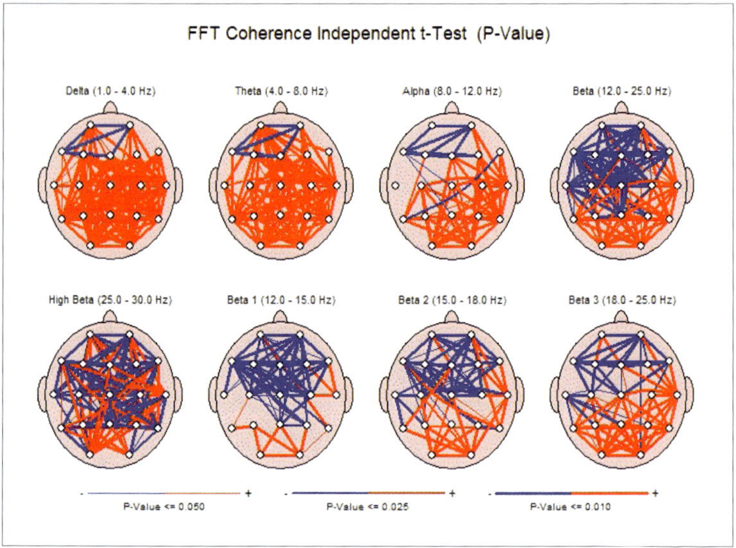

Figura 34. Activación cerebral antes y después de la grabación de una creencia

Un proceso de programación de creencias del método INTEGRA es un proceso diseñado para transformar una determinada creencia, o grupo de creencias, a nivel subconsciente, para transformar la energía con la que vibran nuestras células, incorporando la frecuencia de vibración energética de la creencia o creencias que deseamos integrar.

El resultado es la integración energética de la creencia, y al mismo tiempo, la activación en el cerebro de las conexiones neuronales necesarias entre los dos hemisferios, que permitan a esa creencia entrar en acción de modo automático. En definitiva, consiste en reprogramar la mente para desarrollar el potencial que esa creencia nos ofrece.

Ahora bien, las creencias potenciadoras nos dan mayor capacidad, pero somos cada uno de nosotros con nuestras acciones los que finalmente determinamos nuestros resultados. De nada sirve, por ejemplo, establecer creencias que eliminen todas mis restricciones para triunfar en los estudios si no decido coger un libro y estudiar. Y lo mismo ocurre en cualquier otro ámbito de la vida.

La grabación de una creencia es inmediata. En el momento en que nuestro subconsciente nos lo indica, podemos tener la seguridad de que la creencia ha sido grabada. No obstante, los resultados de esa creencia pueden diferir en función de cada persona y del tipo de creencia programada. Podemos observar resultados de forma instantánea, o bien tardar horas, días e incluso semanas.

Creencias dirigidas a producir cambios en mi forma de entender la realidad (tener mayor confianza en mí mismo, mayor seguridad, eliminar miedos, librarme de fobias, etc.) pueden ser visibles de inmediato, mientras que si lo que estamos buscando son unos determinados resultados externos, como consecuencia de cambios en mi actitud, posiblemente tarde más en observarlos.

Una vez programadas las nuevas creencias, ¿qué debemos hacer? Simplemente permitir que esas creencias tomen el control de nuestra vida, que se ejecuten cuando las circunstancias lo requieran, mientras nuestro pensamiento consciente está en otro lugar. Además, deberíamos afrontar conscientemente la situación que tenemos para que estas creencias puedan ejecutarse. De poco o nada nos servirá trabajar la eliminación de una fobia a montar en ascensor, a subir en avión, a los perros, etc., si no nos enfrentamos a esas situaciones.

Hemos de saber que tras la grabación de creencias existen algunos factores de riesgo que podrían llevarnos al lugar de origen, o lo que es lo mismo, a una reprogramación espontánea de las creencias originales:

- **No tener activados ambos hemisferios cerebrales.** Grabar una creencia sin tener una activación cerebral total impide el establecimiento de las conexiones neuronales necesarias, y por lo tanto, impide la correcta programación de la creencia.
- **Tener algún bloqueo emocional relacionado con esa creencia.** En el momento en que el bloqueo emocional se active, lo normal es que se produzca una reprogramación espontánea de la creencia.
- **Dejar pasar el tiempo sin permitir que las creencias grabadas se ejecuten.** La activación cerebral es algo dinámico. En la medida en que utilizamos de forma repetitiva determinadas conexiones neuronales, estas son reforzadas. Por el contrario, cuando dejamos de utilizarlas, gradualmente se van apagando. Es por ello por lo que debemos hacer lo necesario para crear las situaciones en las que nuestras nuevas creencias puedan ejecutarse. Con ello reforzaremos las nuevas conexiones neuronales y afianzaremos las creencias recién grabadas.
- **Nuevas experiencias.** Con independencia de las creencias que tengamos, las circunstancias y experiencias que vivimos en el día a día nos pueden llevar a generar nuevos bloqueos emocionales y a programar espontáneamente nuevas creencias.

Aplicando el método INTEGRA eliminamos los dos primeros factores de riesgo. El tercero está totalmente en tus manos y el cuarto dependerá de tus vivencias. En cualquier caso, conociendo el método INTEGRA, el cuarto factor de riesgo no debería inquietarte. Durante toda tu vida tienes la posibilidad de realizar nuevas programaciones en el momento que desees.

En cualquier ámbito podemos encontrarnos con tres posibles situaciones en lo que respecta a una creencia: tener la creencia, tener la creencia opuesta o no tener creencia al respecto. Un ejemplo podría ser «merecer ser feliz». Yo podría tener la creencia «merezco ser feliz», su opuesta –«merezco ser infeliz»– o bien no tener creencia alguna referente a mi merecimiento sobre la felicidad.

Si lo hacemos bien, en el momento en que grabamos una creencia, no solo nos alineamos en una determinada dirección, sino que automáticamente eliminamos los posibles alineamientos en direcciones opuestas, la creencia opuesta.

De hecho, la clave para alcanzar los resultados perseguidos está en la correcta formulación de creencias. Podría bastar con una única creencia, pero por lo general serán un conjunto de ellas las que nos conduzcan hacia al objetivo.

Cuando veamos el proceso completo del método INTEGRA, profundizaremos en la construcción de creencias, pero por el momento te apunto que antes de definir las creencias que te dispones a programar, deberás identificar claramente el objetivo que deseas alcanzar con la programación. Una vez definido el objetivo, será el momento de formular todas las creencias necesarias que te lleven a alcanzarlo, con total seguridad.

CONSTRUCCIÓN DE CREENCIAS

Una creencia es una frase, una afirmación, que define cómo eres, cómo te comportas o cómo te sientes, en general o en determinados momentos o circunstancias. Cada creencia muestra una parte de lo que a nivel subconsciente creemos y esperamos de nosotros mismos.

A la hora de construir creencias debes tener presentes distintas pautas, algunas sintácticas y otras de contenido. Todas ellas son importantes y deben ser respetadas:

- **En primera persona (yo).** Tú eres el objeto de la creencia y no los demás. Solo puedes cambiarte a ti mismo. En consecuencia, tú debes ser el sujeto de la frase.
  Ejemplo: «Yo soy una persona fantástica».
- **En tiempo presente (ahora).** Las creencias son atemporales; consecuentemente, deben estar redactadas en tiempo presente. Las creencias no están en tiempo pasado ni en tiempo futuro. Para el subconsciente, el único momento que existe es el presente.
  Ejemplo: «Me amo (ahora) incondicionalmente».
- **En positivo.** La mente no puede moverse en sentido negativo respecto a lo que se desea. Por tanto, debemos formar creencias del resultado deseado, no del contrario.
  Las creencias no deben contener una negación (un no), aunque sí pueden negar un determinado significado por medio de una construcción afirmativa.
  Ejemplo de una negación en positivo: «Estoy feliz y equilibrada, incluso estando sin pareja».

- **Simple.** Cuanto más simple y corta sea una creencia, mejor. Una creencia compleja acostumbra a incorporar más de un concepto, lo que dificulta su interpretación y la transformación a nivel subconsciente.
  Ejemplo de creencia que incluye varios conceptos: «Mi vida es aburrida Y carece de alicientes» (en este caso, lo ideal es separar la frase en dos creencias).
- **Identifícate con ella.** La creencia le debe resonar a la persona que la va a interiorizar. Las palabras y las frases no dicen lo mismo para todo el mundo, de modo que debería ser cada uno quien elija los términos y la formulación exacta de sus creencias.
- **No debe ser interpretable.** Si la creencia puede ser interpretada de distintos modos, podemos estar programando lo que no buscamos. Expresiones como «es bueno», «es positivo», etc., son siempre interpretables en función de las creencias que tenemos previamente grabadas.
  Ejemplo de creencia mal formulada y con varias posibles interpretaciones: «Es bueno para mí emprender este proyecto».
  En primer lugar, esta creencia no está formulada en primera persona, y además, que sea bueno o no depende de lo que mi subconsciente interprete como bueno. Si por ejemplo tuviese la creencia «merezco ser infeliz», podría decirme que es bueno para mí todo aquello que me conduzca en esa dirección.
- **Debe programar el resultado deseado.** Utiliza expresiones del tipo «deseo...», «trabajo para...» o «me esfuerzo...» únicamente si es en combinación con

otras creencias que te permitan alcanzar el resultado. Este tipo de expresiones tan solo conducen a trabajar, esforzarse o desear, pero no a alcanzar la meta por sí solas.

Una creencia bien formulada te enfoca directamente al objetivo, a donde deseas ir, al tiempo que te permite saber a ciencia cierta que has logrado dicho objetivo. Habitualmente se trata de creencias que resultan emocionalmente significativas para ti.

En el próximo capítulo profundizaremos en la construcción de creencias y analizaremos todos los elementos que se han de tener en consideración para alcanzar nuestro objetivo, sea cual sea. Pero antes de llegar a ese punto, vamos a aprender un proceso sencillo y rápido para transformar grupos de creencias.

El proceso de PRIORIZACIÓN, que verás a continuación, te permitirá grabar grupos de creencias sin la necesidad de bajar demasiado las frecuencias cerebrales, gracias a lo cual podrás realizar la programación con mayor rapidez.

En el anexo 2 encontrarás un buen número de creencias con las que practicar este proceso.

PROCESO DE PRIORIZACIÓN

El proceso de priorización es una manera fácil, rápida y efectiva de programar un conjunto de creencias para un individuo. Por medio de este proceso se permite que sea su subconsciente el que organice y priorice las creencias que se desean transformar, minimizando de este modo el número de creencias que directamente deben ser procesadas.

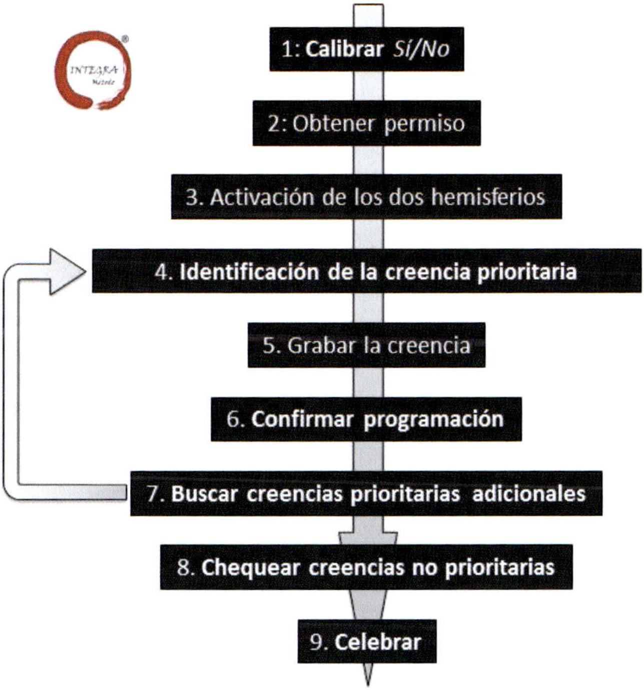

Figura 35. Proceso de priorización

El subconsciente será, por tanto, el que determine las creencias que deban ser procesadas, y en qué orden. Lo habitual es que deban grabarse de forma activa menos del treinta por ciento de todas las creencias identificadas.

Estás, sin duda, ante uno de los procesos más rápidos y efectivos que puedes encontrar para grabar grupos de creencias.

Al igual que en los procesos anteriores, será el propio subconsciente el que te guíe en todo momento, hasta confirmar la grabación definitiva de todas las creencias.

Para realizar la programación de un conjunto de creencias con el proceso de priorización, sigue las siguientes instrucciones:

1. Calibrar sí/no

En este punto establecerás la comunicación con tu subconsciente. Para ello, utiliza la modalidad de test muscular con la que más cómodo te sientas y verifica cuáles son tus respuestas sí y no.

Puedes hacerlo con cualquiera de las consultas indicadas en el capítulo del test muscular (afirmación con el nombre correcto/falso, pensamientos de cosas que te gusten/no te gusten, pedir un sí/no...).

2. Obtener permiso

Tu subconsciente te indicará si puedes realizar la programación de este conjunto de creencias en este momento. Únicamente deberás continuar con el proceso en el caso de obtener una respuesta afirmativa a la siguiente consulta:

¿Puedo procesar este grupo de creencias ahora con el proceso de priorización?

3. Activar los dos hemisferios

Poner una determinada intención mientras realizamos ejercicios de integración cerebral nos permite activar de forma selectiva nuestro cerebro para aquello que deseemos.

El ejercicio de integración cerebral más sencillo es el paso cruzado, o caminar sin avanzar, y consiste en lo siguiente: de pie, levanta al mismo tiempo el brazo derecho y la pierna izquierda. Al bajarlos, levanta el brazo izquierdo y la pierna derecha. Continúa con este movimiento alternando las extremidades durante al menos un minuto. Mientras lo haces, respira profundamente, inspirando por la nariz y espirando por la boca.

Realiza el PASO CRUZADO durante aproximadamente un minuto, mientras PONES LA INTENCIÓN DE ACTIVAR AMBOS HEMISFERIOS DEL CEREBRO PARA ESTE GRUPO DE CREENCIAS. Y a continuación verifica la activación:

Tengo todo mi cerebro activado para estas creencias.

Figura 36: Paso cruzado

En el caso de obtener una respuesta negativa, efectúa el paso cruzado con la misma intención durante otro minuto.

4. Identificar la creencia prioritaria

Utilizando el test muscular procederemos a buscar la creencia prioritaria. Para encontrarla iremos buscando por grupos y acotando cada vez más el rango.

Inicialmente dividiremos las creencias en dos grupos de aproximadamente el mismo tamaño y preguntaremos si la creencia prioritaria está en el primer grupo o en el segundo. Una vez identificado el grupo en el que se halla, volvemos a hacer lo mismo, y así hasta llegar a una única creencia.

Es recomendable numerar las creencias definidas, ya que dicha numeración nos facilitará la búsqueda de creencias prioritarias.

Ejemplo: en caso de tener dieciséis creencias para programar, consultaremos si «la creencia prioritaria está entre las ocho primeras». En caso afirmativo, si «la creencia prioritaria está en las cuatro primeras». En caso negativo, si «la creencia prioritaria es la número cinco», si «es la número seis»... y así hasta identificar la creencia que buscamos.

En casos especiales puede suceder que no exista ninguna creencia prioritaria. Esto puede suceder por dos motivos: que ya estén interiorizadas todas las creencias o bien que deban ser grabadas individualmente todas las creencias que todavía no tenemos. Para salir de dudas, somete al test muscular la siguiente afirmación: «Todas las creencias de la lista están ya interiorizadas». Una respuesta sí indica que ya has acabado con el proceso.

Si la respuesta a la pregunta anterior es no, procede a testar una a una las creencias que tienes definidas y graba aquellas que no tengas interiorizadas siguiendo las instrucciones del punto siguiente como si cada una de estas creencias fuera prioritaria. En este caso, debes obviar todos los demás puntos de este proceso.

5. Grabar la creencia prioritaria

En este punto grabarás la nueva creencia. Para hacerlo, sigue las siguientes instrucciones:

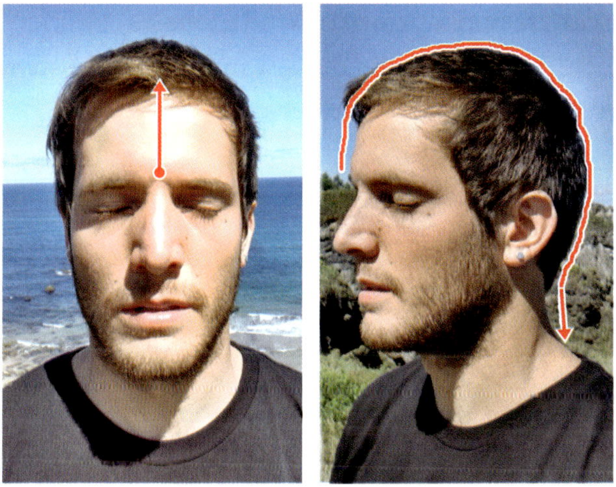

Figura 37. Movimiento del imán

Con los ojos cerrados, manteniendo separados los pies y las manos, se deberá repetir tres veces la creencia en silencio. Con cada una de las frases, se pasará un imán[1] desde el entrecejo hasta la nuca.

1. Es válido cualquier imán de escasa potencia, ya sea de ferrita o neodimio, como los imanes publicitarios que acostumbramos a colocar en el frigorífico.

6. Confirmar la programación

Confirma por medio del test muscular que la creencia ha sido grabada correctamente. Para hacerlo, basta repetir la creencia en voz alta y observar la respuesta por medio del test muscular.

Test muscular de la creencia grabada.

Si sale débil, vuelve a pasar el imán tres veces mientras repites mentalmente la creencia en voz alta.

7. Buscar creencias prioritarias adicionales

Confirma por medio del test muscular si existe alguna otra creencia prioritaria que deba ser grabada:

¿Hay alguna otra creencia prioritaria que deba ser grabada?

Una respuesta afirmativa nos llevará al punto 4 (identificar la creencia prioritaria), donde identificaremos la siguiente creencia prioritaria.

8. Chequear las creencias no prioritarias

El proceso de priorización está diseñado para optimizar el número de creencias que transformar necesarias para alcanzar el objetivo. Una vez finalizado el proceso, todas las creencias de la lista habrán quedado instaladas en el subconsciente, aunque no se hayan trabajado específicamente la mayor parte.

Por medio del test muscular verificaremos si las demás creencias no identificadas como prioritarias están correctamente grabadas. Podemos realizar esta comprobación haciendo el test muscular de todas y cada una de las creencias no prioritarias o bien sometiendo al test muscular una única frase:

Todas las demás creencias de la lista han sido grabadas con éxito.

Si la respuesta a esta consulta es no o bien si al consultar una a una cada creencia no prioritaria, obtienes una respuesta negativa, continúa testando el resto de las creencias y vuelve a comprobarlo unos minutos más tarde.

9. ¡Celebrar!

Celebra activamente tus nuevas creencias.

****

Puedes encontrarte con alguna respuesta negativa por parte de tu subconsciente en el momento de obtener el permiso con este proceso. Esta situación puede darse por distintos motivos que debes conocer:

Porque debamos liberar previamente un bloqueo emocional

En caso de no haber liberado previamente los bloqueos emocionales relacionados con el objetivo, podríamos encontrarnos con la situación de que con ninguno de los procesos se nos permita llevar a cabo la programación de alguna o todas las creencias.

Para verificar si este es el motivo, basta con someter a test muscular la siguiente consulta:

¿Existe un bloqueo emocional que deba liberar previamente a la transformación de estas creencias?

Porque debamos transformar otra creencia previamente. Nuestro subconsciente no solo conoce la información que tenemos grabada, sino también la información que necesitamos grabar para alcanzar el objetivo perseguido. Es por ello por lo que en ocasiones nos impide realizar la programación de una creencia hasta que hemos programado alguna otra. En este caso deberemos buscar de qué creencia se trata y grabarla.

Porque ya tengamos interiorizadas todas las creencias definidas.

En alguna ocasión podemos encontrarnos con que todas las creencias que hemos definido ya las tenemos interiorizadas. El simple hecho de estar reflexionando sobre un tema y definiendo creencias nos lleva, en ocasiones, a interiorizar algunas de esas creencias a nivel subconsciente. De hecho, existen técnicas de grabación de creencias que se basan en este principio. Para saber si esto es lo que nos ha sucedido, basta con realizar la consulta:

¿Tengo interiorizadas ya todas las creencias de esta lista?

Porque no dispongamos del tiempo o la tranquilidad necesarios.

Cuando no estamos en un lugar adecuado o no disonemos del tiempo necesario para poder realizar correctamente el proceso, es habitual que nuestro subconsciente no nos permita iniciar el proceso.

Grabar nuevas creencias supone cambios importantes a nivel energético y de activación cerebral, lo que puede llevar a sentir un cierto hormigueo en el cerebro durante el proceso. También es habitual después de la transformación sentir un relativo cansancio, e incluso un cierto malestar físico. Nuestro cuerpo debe adaptarse a las nuevas vibraciones, y eso puede requerir unas horas. Después de dormir, cualquier sensación de cansancio o malestar habrá desaparecido.

Ahora que hemos aprendido a utilizar las herramientas básicas para realizar una reprogramación a nivel subconsciente, vamos a ver cómo abordar cualquier problema u objetivo; porque no es lo mismo saber utilizar las técnicas que saber solucionar un determinado problema.

Podemos utilizar múltiples destornilladores y llaves inglesas, al igual que podemos utilizar distintas técnicas para liberar bloqueos emocionales o programar creencias.

Las técnicas aprendidas hasta ahora son únicamente herramientas que utilizarás a lo largo del proceso, pero podrías sustituirlas por otras que te permitan hacer lo mismo, si lo consideras oportuno. Personalmente no te lo recomiendo, ya que según mi experiencia, las técnicas expuestas en este libro son de las más sencillas, rápidas y seguras que puedes encontrar.

En el próximo capítulo harás uso de todo lo aprendido hasta este momento de un modo sistemático, y siguiendo un protocolo establecido. Aprenderás que antes de enfrentarte a cualquier transformación a nivel subconsciente, debes definir claramente el objetivo que persigues y construir las creencias necesarias para que ese objetivo se convierta en una realidad.

5
MÉTODO INTEGRA

No vivas la vida que puedas, vive la vida que quieras.

Saber utilizar un destornillador y un cuchillo no te garantiza que puedas arreglar una cafetera o una tostadora, aun siendo en la mayoría de las ocasiones las únicas herramientas necesarias para hacerlo. Todo el mundo sabe utilizar un destornillador, y por supuesto también un cuchillo, pero son una minoría los que se ponen y arreglan esos pequeños electrodomésticos.

Lo mismo ocurre con nuestra mente. Todos sabemos de forma consciente o inconsciente programarnos a nosotros mismos y a los demás, pero solo unos pocos saben hacerlo para solucionar los pequeños o grandes problemas que todos tenemos, o para alcanzar los objetivos y metas que nos interesan.

En los capítulos anteriores has conocido las herramientas básicas imprescindibles para cualquier programación a nivel subconsciente. Son los destornilladores, cuchillos, martillos y llaves inglesas de la programación subconsciente. Lo que aprenderás en este capítulo es cuándo, y para qué, deben ser utilizadas estas herramientas. Te mostraré el proceso que deberás seguir en todo momento para arreglar tanto los pequeños como los grandes «electrodomésticos».

Aplicando el método INTEGRA, aprenderás a afrontar los problemas cuyo origen esté en tu mente, que son la gran mayoría. En nuestra interpretación de los hechos es habitualmente donde radican o se crean los problemas. Somos siempre nosotros quienes determinamos si la experiencia que vivimos es un problema o una oportunidad, si debemos estar contentos y agradecidos, o si por el contrario nos convertimos en víctimas de las circunstancias y de los demás.

El método INTEGRA no es un método psicoterapéutico, sino una metodología de programación a nivel subconsciente.

El proceso completo que verás a continuación no te llevará en ningún momento a psicoanalizar el porqué de tus comportamientos ni de tu forma de pensar o sentir. Como ya he dicho, ese camino no conduce a la transformación, o por lo menos no de forma rápida y segura.

El camino que seguirás en el método INTEGRA te llevará a centrarte exclusivamente en dónde quieres estar a nivel de pensamientos, sentimientos o acciones y en realizar la programación necesaria a nivel subconsciente para ubicarte directamente en ese lugar. Es un camino rápido y seguro, al tiempo que está libre de sufrimiento y dolor.

El proceso completo del método INTEGRA consiste en:

1. Identificar el objetivo.
2. Identificar las creencias necesarias para alcanzar el objetivo.
3. Liberar bloqueos emocionales relacionados con el objetivo.
4. Transformar las creencias identificadas.
5. Realizar una comprobación final.
6. Enfrentarse a la situación.

Siguiendo con el símil del velero, el proceso completo del método INTEGRA consiste en lo siguiente:

1. Identificar el punto de destino.
2. Seleccionar las velas necesarias para alcanzar el destino, teniendo en cuenta vientos, oleajes y corrientes marinas de los mares y océanos por los que hay que pasar.
3. Levar anclas, en caso de haberlas.
4. Izar las velas seleccionadas en el punto 2.
5. Verificar si con esas velas podemos llegar al destino.
6. Salir a navegar.

1. IDENTIFICAR EL OBJETIVO

Identificar el objetivo es definir el rumbo con el que queremos navegar. Si no sabemos dónde queremos ir, ni los vientos que soplan alrededor, difícilmente podremos desplegar las velas adecuadas.

Por lo general, vivimos de forma reactiva según los guiones que han puesto en nuestras manos nuestras familias, compañeros, educadores, etc., a través de nuestras creencias. Identificar el objetivo es el primer paso para romper con esta dinámica, para asumir el control de nuestras vidas, para cambiar las cosas y poder disfrutar de una vida plena.

Toda la transformación interior que realizaremos a continuación nos llevará a alcanzar ese objetivo realmente importante para nosotros. Vamos a programar el piloto automático para que nuestro subconsciente nos lleve navegando fluidamente en esa dirección.

Identifica, por lo tanto, la meta u objetivo que deseas alcanzar. En ocasiones no basta con decir «quiero esto» o «me gustaría conseguir aquello otro», sino que debes reflexionar sobre las razones que te conducen a tener ese deseo. Es posible que lo que realmente quieres, lo que necesitas cubrir, sea algo distinto de lo que piensas que quieres.

Un ejemplo bastante común lo forman la mayoría de las personas que me plantean el objetivo de «ganar mucho dinero». Cuando profundizas en las razones que las llevan a plantearse dicho objetivo, aparecen elementos de aceptación, integración, relación social, seguridad, etc. De nada sirve trabajar el objetivo «ganar mucho dinero» si el individuo no es capaz de realizar la transformación que realmente necesita. Su falta de aceptación, de integración, de relaciones, etc., seguirá intacta con independencia de los números que aparezcan en su cuenta bancaria.

Plantéate preguntas del tipo: ¿en qué quieres cambiar?, ¿qué te gustaría que fuera distinto en tu forma de sentirte o de interpretar lo que ocurre alrededor?, ¿qué realidad quieres materializar?, ¿por qué?, ¿para qué?, ¿cómo te gustaría que fuera tu vida?...

Define el objetivo de forma específica y clara, igual que hacen los niños cuando cada año escriben su carta a los Reyes Magos o a Santa Claus.

Podemos identificar dos tipologías de temas con los que trabajar, dos tipos de objetivos claramente diferenciados: los que únicamente buscan una transformación interior y los que persiguen alcanzar un resultado externo.

Los resultados del primer grupo de objetivos se encuentran dentro del individuo, en su forma de sentirse o de reaccionar ante determinadas circunstancias, en un cambio en su personalidad. Se trata de objetivos que nos llevarán a resolver algún problema personal que nos hace sentir o reaccionar de un modo que no nos gusta.

Algunos ejemplos de este primer tipo de objetivos son los siguientes:

- Eliminar miedos o ansiedades ante determinadas circunstancias.
- Tener confianza y seguridad en mí mismo.
- Controlar mis reacciones en determinados momentos.
- Eliminar todo tipo de fobias.
- Ser optimista y ver el lado bueno de las cosas.
- Incrementar el poder de concentración.

El segundo tipo de objetivos son aquellos que buscan resultados o metas externos, que van más allá de la forma de sentirse o de reaccionar. Dado que los resultados se obtienen siempre como consecuencia de nuestros comportamientos y hábitos, será por medio de la transformación de estos como alcanzaremos las metas externas. El cambio en nuestra personalidad nos llevará a lograr los objetivos.

Ejemplos del segundo tipo de objetivos:

- Escribir un libro.
- Conseguir un trabajo.
- Alcanzar una determinada cifra de ventas.
- Mejorar el rendimiento en cualquier deporte.

Como veremos en el paso 2 del proceso, este segundo grupo de objetivos comporta la programación adicional de un tipo concreto de creencias: creencias que me conducen a la acción. Los resultados externos comportan actuar. Si no nos movemos, no conseguiremos meta alguna.

2. IDENTIFICAR LAS CREENCIAS NECESARIAS PARA ALCANZAR EL OBJETIVO

Una vez definido claramente el objetivo, deberemos proceder a identificar y redactar todas las creencias necesarias para llegar a él. No importa el número de creencias que identifiquemos. Lo realmente importante es no dejarse ninguna que sea imprescindible para alcanzar el objetivo. En cualquier caso, tranquilo, ya que tu subconsciente te ayudará también en esto.

Es importante centrarse en la solución, nunca en el problema. Debemos centrar nuestra atención en todo momento en el resultado buscado. Tener un profundo conocimiento del problema no nos ayudará a definir mejor las creencias que necesitamos; al contrario, centrarnos en el problema desvía nuestra atención y nos impide avanzar.

Explicar brevemente el funcionamiento de nuestro cerebro, la dualidad de nuestra mente consciente y subconsciente y el papel de nuestras memorias celulares en la creación de nuestra realidad te será de gran ayuda para centrarte correctamente en el resultado cuando estés guiando a otra persona.

A la hora de identificar creencias debemos tener presente que hay varios tipos que deben estar presentes. Todas ellas son importantes, y en la mayoría de las situaciones imprescindibles:

- Creencias que me llevan a estimar que realmente merezco alcanzar el objetivo y vivir esa realidad que estoy definiendo.
- Creencias que me llevan a confiar en mis capacidades y posibilidades, y a tener la seguridad de que puedo lograrlo.
- Creencias que me llevan a tener la motivación y determinación para perseguir y alcanzar el objetivo.
- Creencias que me llevan a hacer todo lo necesario para lograr el objetivo.

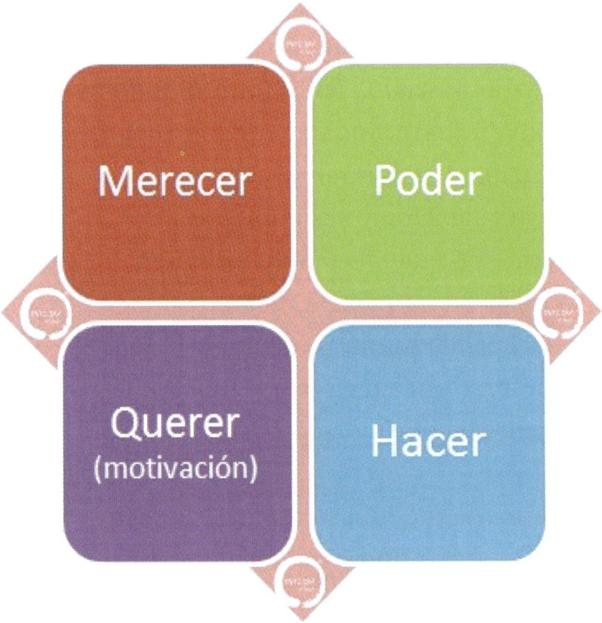

Figura 38. Tipos de creencias

Las creencias de «merecer» debemos plantearlas con una perspectiva amplia. Por lo general, no basta con tener la creencia de merecer el resultado exacto que estoy buscando. Es importante también tener creencias de merecer ser el tipo de persona que vive de ese modo. Por ejemplo, si lo que buscamos es dejar de fumar, no basta con merecer estar sano y libre de tóxicos. Cuando uno ha caído en una adicción, no tiene el control de su vida ni de sus hábitos, por lo que deberíamos definir también creencias en esa dirección.

Las creencias del tipo «poder» nos programan para confiar en nosotros mismos y en nuestras capacidades. Nos llevan a tener la seguridad de que tendremos éxito y alcanzaremos nuestro objetivo. Algún ejemplo de creencias de este tipo son: «Tengo la capacidad para identificar parejas potenciales que encajan con mi pareja ideal» o «Confío plenamente en mí mismo para conseguir todo lo que me propongo».

Las creencias motivacionales («querer») nos mantienen centrados en el objetivo, y pueden ser de dos tipos:

- Las que directamente programan el deseo o la motivación, como por ejemplo: «Tengo la firme determinación de alcanzar el éxito».
- Las que programan el resultado perseguido, como por ejemplo: «Disfruto de una relación de pareja en la que nos respetamos y amamos». Este tipo de creencias generan motivación al mismo tiempo que nos llevan a actuar de una determinada manera; encajan, por lo tanto, en dos categorías, «querer» y «hacer».

Las creencias que nos impulsan a la acción («hacer») son las que nos conducirán a movernos para alcanzar esos resultados que perseguimos. Nos llevan a actuar de un determinado modo. Algunos ejemplos de este tipo de creencias serían: «Dejo de fumar ahora y para siempre» o «Hago todo lo necesario para conectar con las personas que me interesan».

Realizar un cambio importante en la personalidad requiere tener alineadas buena parte de nuestras creencias en la nueva dirección. En ocasiones podemos tener creencias contradictorias que, por supuesto, nos impedirán alcanzar nuestras metas. Es por ello por lo que, en la mayoría de los casos, no podemos confiar en que una única creencia nos lleve a la transformación total.

El objetivo en este punto no es definir el cien por cien de las creencias que debemos tener en nuestra vida, sino aquellas que realmente son clave en los cuatro ámbitos. Debemos buscar las creencias que nos llevarán a vivir nuevas experiencias, y a partir de esas experiencias, automáticamente, sin ser conscientes de ello, estaremos generando y grabando creencias nuevas en nuestro día a día.

Tener creencias que te hagan estar motivado para dejar de fumar servirán de poco si tienes creencias del tipo: «la nicotina genera adicción», «es muy difícil dejar de fumar», «no puedo dejar de fumar yo solo», «no merezco tener el control de mi vida», «no merezco ser feliz», etc.[1]

Tener presentes los cuatro tipos de creencias definidos en este punto nos ayudará a no olvidar ninguna de las creencias fundamentales.

Comienza por definir las creencias sin pensar en la clasificación que acabo de mencionar y posteriormente haz el ejercicio mental de encajarlas en estos cuatro tipos. En ocasiones te puede costar clasificar una creencia, y dudarás entre más de un tipo. En esos casos, no te preocupes, simplemente considera que son creencias de más de un tipo.

Evita definir creencias en las que se establezcan plazos temporales, ya que pueden provocar el efecto contrario al deseado. A medida que pasa el tiempo, si el objetivo se ve todavía lejos, podemos generar desconfianza e inseguridad. Cuando te vengan ganas de confeccionar una creencia con un plazo temporal, piensa en el bambú: el bambú necesita unos siete años para echar raíces, y luego crece hasta treinta

1. Algunas de estas creencias están formuladas en negativo para facilitar su comprensión.

metros, en solo seis semanas. En realidad, el tiempo que tarda en crecer y desarrollarse el Bambú son siete años y seis semanas, aunque durante los primeros siete años dé la sensación de que no pasa nada.

Cuando guiamos a otra persona en este proceso, debemos buscar más allá de lo que comunica, buscar lo que realmente quiere o intenta comunicar. El éxito o el fracaso de la transformación depende enteramente de nuestra capacidad de escuchar e interpretar correctamente el mensaje. Las creencias que permitan alcanzar el objetivo saldrán mayoritariamente de este proceso de comunicación.

Escucha atenta y meticulosamente lo que el individuo te dice, en vez de suponer que sabes más que él. Recibe exactamente lo que dice y en el orden en que lo dice, pero ve más allá de sus palabras.

Cuando utilizamos el método INTEGRA, si somos expertos en algo es en la programación del subconsciente. Lo que debamos programar es algo que debemos definir conjuntamente con el interesado, y para eso tenemos que escuchar, escuchar y escuchar cómo le gustaría a la persona que fuera su vida. En ningún caso debemos permitir que se centre en los problemas ni en lo que considera son las causas de tales problemas.

El objetivo de la escucha no está en entender lo que le ocurre y por qué. Tu objetivo personal en este punto está en identificar todos los elementos relevantes que deberán ser reflejados en el conjunto de creencias que vais a definir para alcanzar la meta. Para ello, toma notas sobre todo aquello que consideres que deba estar reflejado en alguna creencia.

Escuchar de este modo exige estar intensamente centrado. Como terapeuta, facilitador o programador, has de ser consciente de tus pensamientos y apartarlos, incluidas las observaciones sensatas, intuitivas y con fundamento que te vengan a la mente. Esta forma de escuchar exige que busques constantemente un estado en blanco, un estado zen.

Cada ser humano habla un lenguaje diferente. Idénticas palabras o incluso frases no siempre significan lo mismo para distintas personas. A veces la variación es una cuestión de matices, y en ocasiones es radical. Es por ello por lo que hemos de definir las creencias a medida, y deben reflejar realmente el significado que se busca para la persona en cuestión.

Como facilitadores del proceso de transformación, podemos dar ideas sobre cómo formular determinadas creencias, pero debe ser la persona quien las concrete como mejor le resuenen.

Es únicamente en el momento en que el individuo se ha vaciado, y no le quedan ideas sobre creencias adicionales que debería tener, cuando nosotros debemos aportar creencias que complementen las suyas. Es en este momento cuando debemos asegurarnos de que las creencias definidas cubran satisfactoriamente los cuatro tipos de creencias definidos en este capítulo.

Voy a poner un par de ejemplos para observar de forma práctica cómo definir creencias que cubran los cuatro tipos de creencias.

Ejemplo 1: dejar de fumar[2]

El primero de los ejemplos incluye un conjunto de creencias que nos permitirá dejar de fumar. Este conjunto

2. En www.eiriz.com/metodointegra puedes descargar un proceso grabado que te permitirá programar todas estas creencias.

de creencias son el resultado de un buen número de sesiones individuales para ayudar a dejar de fumar. Muchas de las creencias se repetían constantemente y otras eran específicas de cada persona. Por ello quizás en tu caso debas añadir alguna creencia adicional, especialmente en el último apartado, para evitar las recaídas.

Las creencias que a la mayoría de las personas las conducirán a dejar de fumar son las siguientes:

Merecer

- Merezco ser una persona sana.
- Merezco tener el control de mis hábitos y mi vida.
- Merezco cuidarme y que me cuiden.

Las creencias que nos dan la seguridad de poder dejar de fumar cuando lo deseemos son también clave para alcanzar el objetivo.

Poder

- Puedo dejar de fumar cuando yo lo decida.
- Los componentes químicos del tabaco son innecesarios.
- Mis creencias generan las reacciones químicas de mi cuerpo.
- Dejar de fumar es fácil y rápido.
- Soy libre para dejar de fumar.

Tener la firme intención de dejar de fumar es fundamental para conseguirlo.

Querer

- Tengo claro que quiero dejar de fumar.
- Tengo la firme determinación de que voy a dejar de fumar ahora.
- Fumar me hace sentir mal.
- Fumar tiene consecuencias negativas para mi salud y la de los que me rodean.

El cuarto grupo de creencias te llevará a actuar, a mantenerte alejado del tabaco.

Hacer

- Mis pulmones están limpios y sanos en todo momento.
- Dejo de fumar ahora y para siempre, por mi salud y la de los que me rodean.
- Detesto el sabor y el olor a tabaco.
- Mantengo el tabaco alejado de mi boca en todo momento.
- Disfruto y genero dopamina manteniendo el tabaco alejado de mi boca.

Al igual que ocurre con cualquier otra adicción, la parte más complicada no es dejarlo, sino evitar recaer pasados los días, las semanas o los meses. Se trata de dos objetivos distintos: dejar de fumar y evitar las recaídas. Deberán ser, por tanto, programados ambos.

Dejar de fumar sin padecer síndrome de abstinencia, ni ansiedad, ni la necesidad de buscar sustitutos al tabaco, es sumamente fácil. Por lo general, basta con programar las anteriores creencias, pero si lo que buscamos es impedir que en el futuro volvamos a recaer en la adicción al tabaco, debemos programar creencias adicionales que nos permitan alcanzar ese objetivo.

En general, las recaídas están totalmente ligadas a factores emocionales y relacionales. Es por ello por lo que deberían definirse las creencias específicas que cada persona necesita para afrontar las situaciones que le pueden llevar de nuevo a la adicción. En cualquier caso, algunas creencias que nos pueden ayudar para alcanzar el objetivo de no recaer son las siguientes:

Hacer (para evitar las recaídas)

- Mi estado anímico se mantiene con independencia del tabaco.
- Me siento tranquilo, relajado y satisfecho en todo momento después de haber dejado de fumar.
- Me desprendo de todo pensamiento de fumar de forma inmediata.
- Me mantengo fiel a mis convicciones en un entorno fumador.
- Me siento satisfecho de haber conseguido lo que me he propuesto, especialmente después de las comidas.
- Me desprendo de todo el tabaco que me queda.
- Veo a los fumadores con compasión, ya que buscan en el tabaco el bienestar que yo tengo sin fumar.

No olvides que todas las creencias tanto de este como del siguiente ejemplo deben enmarcarse en la totalidad del proceso del método INTEGRA. La transformación de estas creencias es una parte fundamental para alcanzar el objetivo, pero no es la única.

Ejemplo 2: encontrar y mantener la pareja ideal

El siguiente ejemplo trata de otro objetivo que muchas personas acostumbran a plantearnos: encontrar y mantener la pareja ideal.

En el caso de este objetivo, es importante definir previamente qué entiende la persona por pareja ideal y cuál debería ser el modelo de relación con esta pareja ideal. Un perfil muy habitual en estos casos es el siguiente:

¿Cómo debe ser la pareja ideal?

> Respetuosa, flexible, alineada con mis valores y creencias, familiar, cariñosa, tolerante, que me ame, abierta a compartir, generosa, sincera, sociable, romántica, no celosa ni absorbente, fiel, compañera, amiga, profesional de aquello a lo que se dedique, creativa, con ambición, activa, próspera, madura, sana y sin adicciones, que me acepte tal como soy, que me aporte en mi crecimiento personal y yo en el suyo, expresiva, buena comunicadora, que sepa escuchar, atractiva, sin pareja, buena amante y con sentido del humor.

¿Cómo debe ser la relación con esta persona?

> Ambos con los mismos derechos, viviendo una situación de reciprocidad, con pasión, amor, complicidad, armonía, paz, comunicación honesta, comprensión, entendimiento mutuo, amabilidad, estabilidad y abundancia económica y de salud; una relación fluida, íntegra, de admiración mutua,

con aceptación y respeto, con objetivos compartidos y proyectos juntos, divertida, con afinidad en los gustos de ambos, de convivencia, de familia y basada en el amor y la confianza mutua.

Una vez definido claramente el objetivo, pasamos a definir las creencias que nos llevarán directamente a encontrar y mantener la pareja ideal.

Merecer

- Merezco y soy digno de dar y recibir amor.
- Merezco sentirme pleno en todas mis relaciones.
- Merezco vivir feliz el amor de pareja.
- Merezco atraer a mi vida gente que encaja con este modelo de persona.
- Merezco mantener a mi lado este tipo de personas.

Poder

- Estoy abierto a recibir en mi vida personas que encajan con este modelo.
- Confío en que aparecen en mi vida muchas personas de este tipo.
- Me amo, me acepto y me siento seguro.
- Me siento bien conmigo mismo, con independencia de lo que piensen y digan los demás.
- Me mantengo en equilibrio, realizado y feliz con o sin pareja.
- Me siento seguro expresando mis sentimientos y emociones.

- Todo lo que necesito viene a mí en el lugar y en el momento precisos.
- Me siento amado y respetado tal cual soy.
- Estoy predispuesto a conocer sin emitir juicios previos.
- Soy consciente en todo momento del clima de pareja y hago todo lo necesario para mantenerlo en armonía y amor.
- Confío plenamente en mí mismo para conocer y mantener la pareja adecuada.
- Soy capaz de mantener la pareja y la relación ideales.
- Creo que el amor perfecto de pareja existe.
- Estoy dispuesto a dar en reciprocidad.

Querer

- Tengo la firme determinación de vivir una relación de pareja ideal.
- Tengo la determinación y el deseo de que mis relaciones de pareja fluyan de acuerdo con el modelo definido.
- Tengo la firme determinación de encontrar muchas personas que encajen con este perfil.
- Tengo la determinación de alcanzar todas mis metas.

Hacer

- Durante toda mi vida atraigo personas que encajan con este modelo.
- Concibo y vivo la relación de pareja con coherencia con este modelo de relación.

- Identifico claramente y con facilidad mis parejas ideales.
- Me relaciono continuamente con las personas de este tipo que aparecen en mi vida.
- Transmito con claridad lo que pienso y siento con las personas que me interesan.
- Me abro a disfrutar en cualquier relación que tenga.
- Me abro y me doy la oportunidad de conocer personas nuevas.
- Disfruto y hago disfrutar a mi pareja de la relación.
- Hago todo lo necesario para conectar con las personas que me interesan.
- Constantemente envío señales para atraer a mi pareja ideal.

Grabando estas creencias en el momento adecuado del proceso, probablemente estarás programando una nueva realidad en tu vida, en lo que a tus relaciones de pareja se refiere.

***

Una vez redactadas todas las creencias que consideres necesarias para alcanzar el objetivo definido, apárcalas durante unos minutos. Volverás a ellas en el punto 4.

A partir de ahora llevarás a cabo la transformación interior, que comienza con la liberación de bloqueos emocionales y continúa con la transformación de las creencias.

3. LIBERAR BLOQUEOS EMOCIONALES

Previamente a la transformación de las creencias identificadas, debemos liberar cualquier bloqueo emocional relacionado con el objetivo perseguido. Para ello utiliza alguno de los dos caminos que ya conoces:

- Liberación emocional.
- Reset emocional

Cualquiera de estos dos caminos te permitirá levar anclas y deshacerte de esos bloqueos emocionales que te están impidiendo desarrollar todo tu potencial.

A la hora de identificar si existe algún bloqueo emocional, utiliza alguna expresión que te permita saber a ciencia cierta si alguno de ellos te mantiene alejado del objetivo que has definido. Con independencia del proceso que decidas utilizar, cuando verifiques si existe un bloqueo, usa expresiones del tipo:

Existe un bloqueo emocional que me impida...
Existe un bloqueo emocional que me esté provocando...
Existe un bloqueo emocional que esté en el origen de...

Ya he comentado anteriormente que son muchas las técnicas que nos permiten liberar bloqueos emocionales. Podrías utilizar cualquiera de ellas, pero recuerda que las más seguras y eficaces son las que te llevan por caminos en los que NO se revive cada una de las emociones que tenemos atrapadas ni se profundiza en ellas.

Las técnicas que te guían hasta identificar el origen de tus bloqueos, haciéndote sentir intensamente cada emoción, buscan la liberación de bloqueos por medio de la amplificación energética de las emociones atrapadas. Y ese es un camino poco seguro y en absoluto fiable.

Todas las técnicas incluidas en el método INTEGRA son totalmente seguras, fiables y rápidas. Limitarte a utilizar estas técnicas te permitirá realizar los procesos de transformación con total garantía, y sin generar dolor ni sufrimiento.

4. TRANSFORMAR LAS CREENCIAS IDENTIFICADAS

Una vez nos hemos asegurado de no tener el ancla echada, o lo que es lo mismo, de no tener bloqueos emocionales relacionados con el objetivo, ha llegado el momento de izar las velas que nos permitan navegar de forma fluida hacia nuestro destino.

Es en este momento cuando retomaremos las creencias identificadas en el apartado 2 y procederemos a su programación. Serán todas esas creencias previamente formuladas las que conformarán nuestras velas, y nos llevarán directamente a alcanzar el objetivo planteado.

Para realizar la programación de todas las creencias identificadas en el apartado 2 utiliza el proceso de priorización, tal como aprendiste en el capítulo 4, o bien cualquier otra técnica que tú conozcas de grabación de creencias. Ya he comentado anteriormente que son muchas las técnicas que lo permiten, aunque quizás no tan rápidas y sencillas como esta.

Es habitual que al grabar alguna creencia, automáticamente se reprogramen otras de las creencias que estaban en la lista. En el aprovechamiento óptimo de esta circunstancia se basa el proceso de priorización.

Por otro lado, el propio proceso de reflexión necesario para identificar y construir las creencias que nos conducirán al objetivo nos lleva en ocasiones a la grabación a nivel subconsciente de algunas de las creencias identificadas.

5. COMPROBACIÓN FINAL

Una vez interiorizadas correctamente todas las creencias definidas en el apartado 2, tras haber liberado previamente los bloqueos emocionales que pudieras tener relacionados con el objetivo, verificarás si con la transformación realizada tienes suficiente para alcanzar tu objetivo. Para ello, efectúa el test muscular con las siguientes dos consultas:

¿Existe algún otro bloqueo emocional que deba ser liberado en otro momento para alcanzar el objetivo?

Con independencia de la técnica que hayas utilizado para liberar los bloqueos emocionales, podría quedar algún residuo emocional que deba ser liberado en otro momento.

Si has empleado alguna de las dos técnicas propuestas en el método INTEGRA, no es necesario que realices esta consulta, ya que la respuesta a esta pregunta la habrás obtenido previamente, y en caso afirmativo ya sabrás que debes proceder a la liberación en otro momento (al día siguiente).

¿Existe alguna creencia adicional que deba ser transformada para alcanzar el objetivo?

En caso de existir alguna creencia adicional que deba transformarse, debemos identificar cuál o cuáles son esas creencias. Para ello podemos seguir dos caminos:

- Pensar en la posible existencia de efectos adversos provocados por la consecución del objetivo. Algunas preguntas que puedes hacerte son: «¿Sale alguien perjudicado si alcanzo este objetivo?», «¿Hasta qué punto este objetivo no beneficia la vida de las personas que yo aprecio o interfiere en ella?», «¿Alcanzar este objetivo me llevará a realizar cambios drásticos en mi vida?...

  Si encuentras algún posible efecto adverso, deberás definir las creencias que te permitan eliminar tu interpretación de dicha situación como negativa.

  Tomando como ejemplo el de aquellos que buscan convertirse en personas seguras de sí mismas, que llevan las riendas de sus vidas, nos encontramos habitualmente que esos cambios llevan a desestabilizar relaciones de dependencia, o incluso de sumisión, con la pareja o con familiares cercanos. Estas personas deberán definir un objetivo adicional: aceptar y disfrutar los cambios que puedan llegar a producirse como consecuencia de la consecución del objetivo anterior.

- Preguntar por medio del test muscular qué tipo de creencia o creencias adicionales necesitas (merecer, poder, querer o hacer). Para ello puedes someter al test muscular consultas del tipo: «La creencia o creencias adicionales están relacionadas con merecer», «...con poder», etc.

  Cuando encuentres el tipo de creencias adicionales que necesitas, deberás identificar y construir las creencias necesarias.

Cada vez que vayas identificando una creencia adicional, puedes preguntar por medio del test muscular si «esa creencia debe ser interiorizada para alcanzar el objetivo», y también si «hay alguna otra creencia además de esta que deba ser interiorizada». Una vez identificadas todas, deberás volver al apartado 4 y transformarlas.

Cuando tu subconsciente te indica que no existen bloqueos ni creencias adicionales, la programación ha llegado a su fin. A partir de ahora, simplemente permite que tu subconsciente te lleve directamente al objetivo. Y no dudes en acelerar el viaje, introduciendo nuevas programaciones, si descubres objetivos intermedios que te puedan ayudar.

6. ENFRENTARSE A LA SITUACIÓN

Una vez realizada la programación necesaria para alcanzar el objetivo, lo que debes hacer es enfrentarte a situaciones en las que tus nuevas creencias puedan ejecutarse. De nada sirven las nuevas creencias si no les das la posibilidad de que puedan tomar el control de tus actos.

Imagina por un momento ese velero que acabas de preparar para surcar los mares y llegar a un destino lejano. Si no haces que salga del puerto y se encuentre con los vientos y las mareas en los que esas nuevas velas pueden desarrollarse en plenitud, jamás alcanzará su destino.

Recuerda que cada vez que grabamos una creencia, estamos generando nuevas conexiones neuronales en nuestro cerebro y que las conexiones neuronales se van apagando gradualmente cuando no se utilizan.

Si no permitimos que nuestras nuevas creencias puedan tomar el control de nuestros actos, enfrentándonos a situaciones en las que estas creencias tienen sentido, llegado el momento podemos encontrarnos con la desagradable sorpresa de que nuestro cerebro no esté preparado para afrontar esa situación.

CONEXIÓN A TRAVÉS DE UN REPRESENTANTE

En ocasiones nos encontramos con que no podemos aplicar directamente el método INTEGRA a la persona a la que queremos ayudar, a la que queremos guiar en un proceso de transformación. Tal vez no se halle físicamente presente, esté incapacitada para obtener respuestas por medio del test muscular o incluso, por mucho que se ha intentado, hemos sido incapaces de obtener respuestas con los distintos tipos de test muscular.

Siempre existe una solución para todo, y además siempre es sencilla. En estos casos la solución pasa por establecer una conexión energética con la persona a la que deseamos ayudar, obteniendo las respuestas de su subconsciente a través de un representante (nosotros mismos o cualquier otra persona) y realizando la programación necesaria también a través de ese representante.

Conectar con el subconsciente de otra persona es algo sencillo y habitual en las técnicas energéticas. Hay muchas técnicas que lo utilizan (Psych-k, Resonance Repatterning, biomagnetismo, código de la emoción, código de curación, reiki...). Cada una lo hace siguiendo un protocolo diferente, estableciendo un fin u objetivo específico y dándole un nombre distinto (subrogación, representante, canalización, sustituto, etc.), pero en realidad todas están haciendo lo mismo:

establecer una conexión energética que permite llevar a cabo transformaciones a distancia.

El proceso que utilizaremos en el método INTEGRA para realizar esta conexión es simple y seguro. Se trata de un protocolo que garantiza la seguridad de ambos participantes (representante y representado) y que no requiere pedir permiso a nivel consciente.

- **Representante:** persona que va a canalizar las respuestas del subconsciente de una tercera persona.
- **Representado:** persona con la que se establece la conexión.

En el protocolo empleado en el método INTEGRA pedimos permiso a nivel supraconsciente, allí donde está la información del porqué estamos aquí. Pidiendo el permiso en este nivel y estableciendo previamente la intención correcta de lo que pretendemos al establecer esta conexión, nos aseguramos de estar alineados con la misión del representado. En caso de no ser así, no obtendríamos el permiso en el momento de establecer la conexión.

Por otro lado, pedir el permiso en el nivel supraconsciente nos lleva a poder establecer la conexión únicamente cuando esta es del todo segura para el representante. No olvidemos que a través del representante se van a canalizar distintas energías, y no establecer la conexión de forma segura podría generar ciertos riesgos.

En este tipo de conexión, el representado no tiene por qué enterarse a nivel consciente de que se ha establecido. Esta situación podría dar pie a algún debate de tipo ético, en el que no voy a entrar. En cualquier caso, debes tener claro que todo lo que hagamos estableciendo la conexión de forma segura con el protocolo que aprenderás a continuación únicamente puede ayudar al representado, nunca perjudicarlo.

PROCESO DE CONEXIÓN

Sigue las siguientes pautas para el establecimiento de una conexión segura con el subconsciente de otra persona. Las instrucciones están redactadas bajo el supuesto de que tú serás la persona que conectará con el otro, por lo tanto, el representante. En caso de ser el representante una tercera persona, deberían modificarse las instrucciones para adaptarse a esa circunstancia.

1. **Establecer comunicación.** En este punto establecerás la comunicación con tu subconsciente. Para ello, utiliza la modalidad de test muscular con la que más cómodo te sientas y verifica cuáles son tus respuestas sí y no.
   Puedes hacerlo con cualquiera de las consultas indicadas en el capítulo del test muscular (afirmación con el nombre correcto/falso, pensamientos de cosas que te gusten/no te gusten, pedir un sí/no...).
   Finaliza este punto comprobando la respuesta con tu nombre y con el nombre del representado:

   TM: nombre del representante y del representado.

2. **Definir la intención.** Define claramente la intención que te lleva a establecer esta conexión.

No es preciso verbalizarla ni escribirla. Basta con pensar en esa intención antes de proceder con el paso 3.

3. **Obtener permiso.** Es en este punto donde obtenemos el permiso a nivel supraconsciente. Para hacerlo realiza el test muscular con la siguiente frase:

¿Es seguro y apropiado para ambos llevar a cabo esta conexión ahora?

Con una respuesta afirmativa, pasa al punto siguiente. Si la respuesta es negativa, no puedes establecer la conexión, al menos en este momento.

4. **Verificar la conexión.** Una vez hemos obtenido el permiso, debemos verificar que la conexión se ha realizado correctamente. Para ello, realiza el test muscular con tu nombre y el del representado:

TM: nombre del representante y del representado.

Si la primera respuesta del test muscular no confirma la conexión, espera unos segundos y vuelve a realizarlo. En ocasiones tardamos unos segundos en estabilizar la energía del representado en nuestro cuerpo.

En el momento en que obtienes una respuesta afirmativa con el nombre del representado y una negativa con tu propio nombre, la conexión ya está realizada. A partir de ese momento las respuestas que obtengas provendrán del subconsciente del representado.

En el caso de no obtener permiso para establecer la conexión, puedes preguntar por medio del test muscular cuál es el motivo. Podemos encontrarnos con distintos motivos. Los más comunes son:

- Falta de tiempo o de tranquilidad suficientes para llevar a cabo la intención definida.
- Falta de alineamiento de la intención con la misión de esa persona.
- Falta de seguridad para el representante.

PROCESO DE DESCONEXIÓN

El proceso de desconexión puede tener mayor o menor complejidad en función de la intención que tengamos al establecer la conexión.

Seguir el protocolo de desconexión descrito en este apartado es un mecanismo de seguridad que nos garantiza haber alcanzado el objetivo perseguido con la conexión. La desconexión no se podrá realizar con este proceso si el objetivo que hay detrás de la intención no ha sido satisfecho.

En cualquier caso, en el momento en que la intención desaparece, la conexión automáticamente se cierra.

Para realizar la desconexión de forma segura haz lo siguiente:

5. Desconectar. Somete al test muscular la frase:

¿Esta conexión ha sido liberada?

En caso de haber conectado para realizar alguna transformación en el representado, podría darnos una respuesta negativa a esta consulta.
Si la respuesta es afirmativa, la conexión ha sido liberada. Ve al paso 2 para verificarlo.
Si la respuesta es negativa, deberás buscar la razón por la que no se te permite liberar esta conexión. Puedes utilizar el test muscular para obtener respuestas.

6. **Verificar la desconexión.** Una vez liberada la conexión, el test muscular con los nombres del representante y el representado volverá a salir correctamente:

TM: nombre del representante y del representado.

Como habrás podido comprobar, establecer la conexión energética como representante es algo muy simple. Utiliza siempre los protocolos aquí definidos, o cualquier otro que sea totalmente seguro. Y por supuesto, establece estas conexiones siempre para hacer el bien y ayudar a los demás, y no buscando el beneficio propio. Recuerda que vivimos en una realidad energética en la que atraemos a nuestras vidas aquellas energías con las que vibramos.

ALGUNAS EXPERIENCIAS

Personalmente soy poco dado a compartir experiencias, tanto propias como de los demás, ya que considero que la evolución y las respuestas de cada persona ante las transformaciones son totalmente distintas. En cualquier caso, entiendo que a muchos les resulta útil conocer las experiencias y vivencias de otros, para hacerse una idea del potencial que la reprogramación a nivel subconsciente, y por tanto el método INTEGRA, tienen.

Las experiencias que te muestro a continuación son situaciones normales y habituales, transformaciones que encontramos a diario todos aquellos que utilizamos el método INTEGRA.

Todo método o herramienta de transformación a nivel subconsciente, incluido el que te muestro en este libro, puede ser utilizado tanto para la sanación como para el desarrollo personal. En mi caso, prefiero centrarme en el desarrollo personal, pero algunos de los instructores, y muchos de los facilitadores que utilizan el método INTEGRA, están enfocados en la salud, con resultados espectaculares.

Algunos de los nombres que aparecen a continuación han sido cambiados para preservar su identidad.

Tanto al trabajar objetivos de forma personalizada como asistiendo a los cursos que organizamos, o incluso poniendo en práctica los ejercicios incluidos en mis anteriores libros, las transformaciones son asombrosas. Prueba de ello son los centenares de mensajes que recibo en los que se comparten dichas experiencias.

****

El primer testimonio es el de Josefina, médico psiquiatra, que vino a visitarme en uno de mis últimos viajes a México, para narrarme sus experiencias. Le pedí que me enviara su relato por escrito a fin de mantener total fidelidad a sus comentarios, y esta fue la carta que recibí a los pocos días:

Provengo de una familia disfuncional, de padres huérfanos, ella con depresión crónica y él, bipolar grave. Desde pequeña quería ser doctora y psiquiatra. Tuve una infancia difícil y dolorosa, y heredé la bipolaridad en fase depresiva, además de padecer múltiples enfermedades físicas al llegar a la edad adulta: pielonefritis crónica, cisticercosis cerebral que provocó una epilepsia, dermatitis atípica generalizada y muchas más.
Estudié medicina, psiquiatría, psicoanálisis, PNL, hipnosis clásica moderna, regresiones a otras vidas, flores de Bach, terapia depurativa estilo OKADA, DRNO, astrología y numerología, biodescodificación, etc.
Me sujeté a todas estas terapias, al principio con resultados mínimos, y poco a poco mejoré. La que más me funcionó fue MDRO, que es la que he venido utilizando en los últimos años.
Hace dos meses vi el programa de televisión *Hoy cambia tu vida*, que conduce Marissa Gómez, y estaba de invitada Sandy Suárez, instructora certificada del método INTEGRA. Contacté con ella y aprendí este maravilloso método, con el que he logrado finalmente estabilidad emocional y felicidad. Asimismo, he trabajado a distancia con mi hermano menor, también bipolar en fase depresiva, y actualmente asegura ser otra persona.
En mi labor profesional, con más de treinta años ejerciendo como psiquiatra, lamento decir que jamás había dado una sola alta médica por salud mental y felicidad –había llegado a trabajar entre ocho y diez años con varios pacientes, obteniendo unos resultados mínimos.
En los escasos dos meses que vengo utilizando el método INTEGRA, son ya cinco pacientes con este tipo de trastornos

graves a los que les he dado el alta. Ciertamente, me estoy quedando sin pacientes, pero me siento feliz de poder impactar en sus vidas como nunca antes había sido capaz.

Lo que más me asombra del método INTEGRA es que siempre, desde la primera sesión, encuentro resultados diferentes a todo lo vivido anteriormente, y por supuesto muy positivos.

****

Lucy es una mujer española de cuarenta y cinco años que cuando la conocí ocupaba el puesto de directora de recursos humanos en una empresa multinacional. Debido a ello, se veía obligada a relacionarse con mucha gente y a asistir constantemente a reuniones de todo tipo.

Una de las mayores preocupaciones de Lucy era el bloqueo que le producía estar en presencia de grupos de personas. Cada vez que se hallaba ante cuatro personas o más, se bloqueaba de tal manera que era incapaz de articular palabra, hasta el punto de desplazarse por los pasillos de la empresa evitando cruzarse con sus compañeros o de esperar hasta que no hubiera gente por los pasillos para ir al lavabo.

La repercusión en su desempeño laboral era evidente. En los comités de gerencia, así como en muchas otras reuniones a las que asistía, jamás la oían hablar. Únicamente aportaba sus brillantes ideas cuando estaba a solas con alguien o en grupos muy reducidos.

Decidimos trabajar dos objetivos: su sentimiento de inferioridad y su incapacidad para hablar en público. Procedimos a liberar una emoción atrapada que estaba en el origen de su incapacidad para hablar en público. No es relevante, pero se trataba de una inseguridad que venía de su primer año de vida. Y a continuación programamos varias creencias: «Los componentes del equipo valoran el trabajo que realizo», «Los componentes del equipo directivo me reconocen como uno más», «Me siento cómoda hablando en público», «Tengo seguridad en mí misma para transmitir todo aquello que quiero» y «Acepto de buen grado mis errores y las críticas que puedan surgir».

A los dos días, Lucy me llamó entusiasmada. Había hecho algo que consideraba imposible apenas cuarenta y ocho horas antes. En el marco de una convención anual en la que estaban presentes todos los trabajadores de la empresa, Lucy cogió el micrófono e hizo de maestra de ceremonias. Era algo que le correspondía por su puesto, pero que en todos los años que llevaba en la empresa había renunciado a hacer. Hasta ese día, había organizado el acto de tal modo que esa responsabilidad se la había trasladado al propio director general.

****

Martina es una mujer mexicana de unos cuarenta años. Su vida resurgió de la mano de una amiga suya, Sandy, instructora del método INTEGRA, hasta el punto de convertirse ella misma en instructora.

Martina proviene de una familia humilde, de nueve hermanos, nacidos y criados en el campo, cerca de Culiacán, en México, que vivía de la agricultura y de los escasos animales que poseían.

Sus experiencias personales la llevaron de vuelta a Culiacán, para compartir un Curso de Felicidad con su familia. Se trató de un curso exclusivamente para su familia, motivo por el cual he decidido incluirlo entre las experiencias de este libro.

A la semana siguiente de realizar el curso, Martina me envió el siguiente comentario:

> La primera experiencia que vivimos se dio un día antes de que empezara el curso, con una familiar que llevaba viviendo un duelo durante más de cuatro años, por la muerte de su hijo. Había buscado y experimentado diferentes terapias, sin éxito. El día que llegamos a su casa para saludarla, se encontraba con una crisis de asma, y le propusimos trabajar con ella utilizando el método INTEGRA. Al terminar la terapia, se sentía mucho mejor, había dejado de toser y podía respirar mejor, tenía una mirada distinta, con esperanza y alegría. Al día siguiente empezó a llover, y para ella era imposible por su estado salir en esas condiciones climáticas. Jamás salía de casa cuando llovía. A pesar de ello nos habló para comentarnos que se sentía muy bien y que iba al curso. Se vio un cambio increíble en ella. Llegó cantando y bailando, cuando un día antes se encontraba a punto de ir al hospital. Nos explicó que había retirado el nebulizador de su habitación, y que lo iba a donar. Se sentía renacida transmitiendo y regalando su nueva alegría a los demás.
>
> En lo que siguió del curso vimos cómo las mujeres se perdonaban y dejaban de combatir contra sus sentimientos, viendo a los hombres que en su tiempo siempre habían sido machistas, rindiéndose sobre su máscara de piedra y

aceptando lo que venía, aceptando la ayuda y queriendo más y más.

El día de hoy uno de mis hermanos me mandó un mensaje en el que me daba las gracias y me contaba que por primera vez en mucho tiempo se había levantado con el amanecer, había lavado sus dos coches, se había visto en el espejo y se había rasurado la cara, se había bañado, se sentía fresco y limpio y había decidido abrir la puerta y salir a una nueva vida.

Mi madre, que estaba sumida en una depresión, dejó atrás los colores grises; ahora, antes de que regresara a Cuernavaca, la vimos vestida de colores y con una cara sonriente, transformada.

Todos se sentían renovados, como si la tristeza y las amarguras hubieran pasado. No puedo explicar cómo me sentí yo al darme cuenta de cómo varias de las personas que más quiero, que hasta ese momento eran frías y con armaduras, habían cambiado de un modo tan espectacular en un abrir y cerrar de ojos.

****

Recientemente impartí *Un curso de Felicidad* en Bogotá (Colombia). Dos de los asistentes a dicho curso habían decidido acudir también a otros cursos que realizaría en Medellín a lo largo de la semana siguiente, motivo por el cual cuando finalizó el curso de Bogotá se desplazaron al aeropuerto para que un avión los llevara esa misma noche hasta Medellín. Tuvieron una cancelación del vuelo y llegaron a su destino seis horas más tarde de lo previsto. Además, por lo que me explicaron más tarde, el vuelo fue de lo más movido, con turbulencias durante todo el camino.

Al día siguiente, ambas personas me explicaron la anécdota riéndose y la mar de felices. Una me dijo que, hasta ese día, no soportaba las esperas en los aeropuertos, que para él eran momentos de estrés y tensión. En cambio, vivió la cancelación del vuelo y los múltiples retrasos con total tranquilidad y serenidad.

La otra persona me contó que durante toda su vida había tenido pánico a volar, pero que en el vuelo del día anterior había disfrutado, según sus propias palabras, «como cuando de niña se balanceaba en un columpio».

****

La siguiente experiencia me llegó a través del correo. Se trata de Esperanza, una mujer mexicana que me escribe periódicamente para explicarme sus cambios, como consecuencia de poner en práctica los ejercicios de mis libros anteriores. Esperanza me decía en uno de sus mensajes:

> ¿Sabe una cosa, maestro Eiriz? He estado trabajando diariamente en sus técnicas y estoy de superlujo, en el rollo sentimental... Ahora que me ocupo de mi persona, de mis planes y proyectos...
>
> Entendí que lo que me hacía falta, y aún me hace falta, trabajar más es en mi carencia afectiva; cuando acuda a su formación me indicará cómo.
>
> El miércoles en el concierto de Fernando de la Mora, un tenor mexicano... justo detrás de mí, estaba don Julio, el notario del pueblo, que durante años ocupó mi corazón y mi mente.

> Estaba con una chica... Le soy sincera, como mujer me dolió... Pero la sorpresa fue para mí mayor. Él hablaba de cultura, gastronomía, purépechas, del lago de Pátzcuaro y sus islas... Gracias a que llegó mi amiga Manoli, la jefa de prensa de la Secretaría de Turismo, y me llevó a primera fila. Y entonces estuve pensando, yo me enamoré del grench, del que tiene un tiraderito en su escritorio, del que parece un murciélago porque vive en su oficina, no de este que era una copia mía. Por lo que sea, ya me dio oportunidad para ver que por ahí no va mi camino. De no haber leído sus libros, en este momento los mensajes serían para él... ¡Qué impresión! Cuánto tiempo perdido.... Pero nunca es tarde... Seguiré trabajando en mi persona y siendo feliz.

****

En los cursos del método INTEGRA realizamos un ejercicio práctico con todos los participantes. En un porcentaje importante de cursos, el tema escogido para dicho ejercicio es el de encontrar pareja. Seguimos el protocolo anterior y definimos a medida la pareja y la relación ideal del voluntario o voluntarios.

Siempre que trabajamos este tema, lo hacemos con un enfoque de abundancia. Son muchas las personas que encajan con el perfil definido como pareja ideal, y consecuentemente no debemos limitar a que sea solo una de ellas quien se cruce en nuestro camino. Programamos atraer a nuestra vida constantemente personas que encajan con ese perfil.

En uno de los últimos cursos en los que participé, realizamos este ejercicio con cuatro voluntarios. Conjuntamente definieron el perfil de la pareja y de la relación ideales y llevaron a cabo la programación para atraer y mantener en sus vidas a esa pareja.

Pasadas tres semanas, una de las participantes se puso en contacto conmigo para indicarme que tenía un problema. Tras años de no tener pretendiente alguno, de repente tenía tres, cada cual mejor, y no sabía cuál escoger. Además, me contó que el candidato que más le encajaba, no le gustaba físicamente... y que tras revisar la definición realizada durante el curso, se había dado cuenta de que ¡no habíamos definido nada referente al físico!

Otra de las voluntarias me indicó que tras el curso comenzó a perder peso. Adelgazó quince kilos en ocho semanas. Además, redefinió su papel dentro del entorno familiar. Dejó de actuar como madre cuidadora de toda su familia, incluidos sus padres y hermanos, y pasó a relacionarse con personas muy distintas a las que acostumbraba. Me indicó que era otra persona, con mucha más seguridad y claridad mental. ¡Ahora sabía lo que quería!

****

Iraís es una mujer de treinta y tantos años, que acudió a uno de mis cursos. Semanas más tarde, me envió el siguiente correo:

> Estimado Ricardo:
> Te escribo para compartir contigo los resultados a poco más de un mes de haber asistido al Curso de Felicidad.

Como comentaste, con el paso de los días el cambio se hace evidente no solo para ti sino también en tu entorno, con tus familiares, amigos, vecinos, etc.
La primera semana estaba en mi casa y mi hermana llegó de visita, yo estaba cocinando y ella detrás de la barra observándome. Primero me dijo:
—Ira, ¿te has peinado diferente?
Y yo le respondí:
—No.
Y seguía observándome.
—Ira, ¿te has maquillado diferente?
Y yo le respondí.
—No.
Después de un rato me dijo:
—Ira, no sé qué te has hecho, pero te ves diferente.
Y yo le respondí:
—Es que soy feliz y estoy en paz.
Fue la primera vez que alguien me lo dijo. Dos semanas después fui a un concierto con una amiga y la reacción fue la misma... me observaba porque me sentía diferente y también me preguntó qué me había hecho, y yo respondí lo mismo: soy feliz.
El domingo pasado vino a verme un amigo muy querido que hacía un año que no veía y lo primero que me dijo al verme fue:
—¡Que bien te veo! (cabe destacar que no es un hombre muy expresivo).
Y yo sonreí y le dije:
—Es que soy feliz.
Lo curioso es que todos perciben algo, pero no saben qué es.

Y hoy, 3 de diciembre, festejo mi treinta y nueve cumpleaños con una perspectiva muy diferente de vida, soy una persona llena de bendiciones, con una enorme gratitud y en plena conciencia de quien soy.

Soy feliz.

Gracias por compartir tus conocimientos y transformar vidas.

Un fuerte abrazo,

Iraís

****

Marina es una joven argentina de veinticinco años, que se puso en contacto conmigo para compartir sus experiencias a raíz de la lectura y aplicación de los ejercicios incluidos en mi libro *Un curso de Felicidad*. Marina me escribió diciendo:

> [...] Soy seguidora y leo con frecuencia libros de autoayuda y psicología, y los disfruto mucho.
>
> La verdad es que desde los quince años he tenido vaivenes emocionales muy profundos, pero siempre estoy al borde, porque creo firmemente que ser feliz es una decisión, es como uno elige ser.
>
> Su libro llamó particularmente mi atención, no he visto nunca nada parecido y la consigna que se propone es interesante, tentadora...
>
> Después de leerlo por completo una vez y de empezar a trabajar con los ejercicios del libro, quería comentarle algunos efectos que he notado.
>
> Lo principal es que no estoy pendiente del cariño y amor ajeno. Siempre necesité mucho de los demás, de mis padres, de

los hombres... Y hoy me siento cómoda, tranquila y amada por las personas que me rodean de la manera en que ellos demuestran su amor. ¡Y especialmente, amada por mí! Tratándome como trato a las personas que quiero.

Logré concentrarme en mis estudios y «enamorarme» nuevamente de mi carrera. Entusiasmada, con ganas de esforzarme y confiada en mis capacidades, sin perjuicio de saber que yo no soy solo estudiante y no soy las notas en mi libreta universitaria...

Darme la libertad y el gusto de comer sin torturarme por mis medidas o mi peso...

Podría seguir, pero lo importante es que siento un impulso para hacer lo que me propongo, aprender y ser mejor persona, aumentar mi capacidad de amar.

Quería compartirlo con usted, estoy muy contenta.

Un saludo desde Argentina,

Marina

****

Beatriz es una mujer mexicana de unos treinta y cinco años. Llegó a mí un lunes a última hora para comentarme que tenía un tumor cerebral y que le acababan de decir que el viernes de esa semana le realizarían una intervención quirúrgica para eliminarlo. En ese momento liberamos un bloqueo emocional que estaba en el origen de la patología y grabamos varias creencias que le permitieran recuperarse rápidamente.

El viernes le realizaron la operación, y para sorpresa de los doctores, el tumor se había reducido a una pequeña fracción de lo que aparecía en los escáneres cerebrales de apenas una semana antes. Para Beatriz no fue ninguna sorpresa. De hecho, cuando me llamó para explicarme cómo había ido, me dijo que lástima que la intervención no hubiera sido una semana más tarde, ya que el tumor hubiera desaparecido por completo.

El caso de Beatriz es tan solo uno de los muchos casos con patologías «muy graves» con los que me he encontrado personalmente. Los facilitadores del método INTEGRA, en especial los médicos, me explican habitualmente casos de recuperaciones, en plazos increíblemente cortos, para todo tipo de patologías.

****

Y ahora, uno de los muchos casos vividos en mis propias carnes. Tras haber publicado mis tres primeros libros, era tanta la información y la documentación recopiladas al respecto de la salud, y tan contradictorias con el mensaje oficial que recibimos por todas partes, que tenía totalmente decidido escribir un libro sobre ese tema. Había vivido de cerca el fallecimiento de familiares muy próximos a causa del cáncer y la información de que disponía mostraba una realidad alternativa, que nos permitía renunciar al papel de víctima.

Pasaban los meses, y ese libro continuaba siendo un proyecto sin comenzar. Existía un bloqueo en mí, en este caso en forma de creencias, que me impedía escribirlo. Era evidente que yo no era médico, y que de combatir enfermedades nada sabía. En esas circunstancias, escribir un libro sobre salud podía considerarse una osadía.

Bastó cambiar unas cuantas creencias que me llevaron a interiorizar que la salud es algo que nos compete a todos, y no solo a los médicos; que la especialidad de los médicos está en luchar contra la enfermedad, y que nosotros, según nuestros hábitos, somos los que generamos salud o enfermedad. Y en este último punto, la transformación de hábitos, es donde yo puedo realizar una gran aportación.

A partir de ese momento, el tan esperado libro se convirtió en una realidad en apenas dos meses.

****

Personalmente estaré encantado de que compartas conmigo tus propias experiencias utilizando el método INTEGRA. Puedes hacerlo escribiéndome a info@metodointegra.com.

6

Puerta abierta al Futuro

Tu tiempo es limitado, así que no lo desperdicies en vivir la vida de otro.

Steve Jobs

Cuando entendí el mapa de la mente, como si de un puzle se tratara, todas las piezas encajaron a la perfección. Todas las técnicas que había estado estudiando y experimentando durante años pasaron a tener sentido, y no de un modo individual, sino de forma colectiva.

Entender que cada una de las decenas de técnicas estudiadas es una herramienta más –que básicamente permite hacer una de estas tres cosas: programar creencias, liberar bloqueos emocionales o liberar bloqueos físicos–, me llevó a deshacerme de la necesidad de seguir buscando. ¿Para qué seguir metiendo herramientas en la caja si no se van a utilizar? ¿Para qué seguir comprando más destornilladores, martillos y llaves inglesas?

Comprendí que saber utilizar algunas, o incluso muchas, de las técnicas que tenemos a nuestra disposición, no nos garantiza los resultados. Comprendí que no es lo mismo saber utilizar una herramienta que saber solucionar un problema con esa herramienta. Comprendí que ninguna de las técnicas disponibles ofrecía una solución completa para todos los problemas. Comprendí que los cambios de hábitos y de comportamientos dependen de realizar transformaciones tanto en el nivel emocional como en el de creencias. Comprendí que más allá de las herramientas, lo importante es saber afrontar los problemas, y que haciéndolo de este modo, es muy fácil cambiar.

Haciendo un símil cinematográfico, comprendí que disponer de muchas herramientas no nos convierte en MacGyver, y que MacGyver no necesita realmente ninguna herramienta, ya que crea las que necesita.

De esa comprensión nació el método INTEGRA, no como herramienta, sino como metodología de trabajo en la que se utilizan herramientas diversas, cada una para resolver un tema distinto en un momento diferente del proceso.

El método INTEGRA no es un método psicoterapéutico, sino una metodología de programación a nivel subconsciente. El proceso no nos lleva en ningún momento a psicoanalizar dónde estamos y por qué, en cuanto a nuestros comportamientos y nuestra forma de pensar o sentir. Nos centramos exclusivamente en dónde queremos estar a nivel de pensamientos, sentimientos o acciones y en realizar la programación necesaria a nivel subconsciente para ubicarnos directamente en ese lugar.

Como habrás observado, toda la transformación se realiza en el subconsciente. En cualquier caso, es necesaria la participación consciente del individuo, ya sea de forma directa o indirecta, ya que la intención es la chispa que precipita toda la transformación.

El método INTEGRA es un camino increíblemente efectivo para transformar cualquier tipo de hábitos y comportamientos, incluidas las adicciones y la superación de todo tipo de traumas.

Alcanzar rendimientos espectaculares en cualquier ámbito resulta fácil cuando somos capaces de liberarnos de esos bloqueos y creencias que nos limitan. El método INTEGRA va a convertirse en tu mejor aliado para sacarle brillo a ese enorme potencial que llevas dentro. Conviértete en la persona o el profesional que siempre has soñado, da rienda suelta a tu creatividad, supera tus objetivos, fluye con la vida y, ante todo, SE FELIZ.

En ocasiones me preguntan hasta qué punto funciona el método INTEGRA, y mi respuesta siempre es la misma: «En rara ocasión me he encontrado con un problema con el que no haya funcionado». Hemos de ser conscientes de que existen otras energías, externas a nosotros mismos, que interfieren en nuestras vidas, como por ejemplo los espíritus desencarnados y de la magia negra. Como habrás observado, el protocolo estándar del método INTEGRA, definido en este libro, no aborda el tratamiento de energías externas, aunque también disponemos de procesos para ello.

Las personas suelen quedarse asombradas de los cambios que se producen en sí mismas y en sus vidas tras una única sesión de transformación con el método INTEGRA.

Se trata de una metodología abierta, que permite utilizar distintas técnicas para cada parte del proceso de transformación. Es, por tanto, una metodología enormemente adaptable, que puede adecuarse a cualquier cultura e idioma.

El papel del terapeuta, facilitador o programador que utiliza el método INTEGRA consiste exclusivamente en saber qué hacer durante el proceso y qué preguntarle a la persona que tiene delante, teniendo claro que será el subconsciente de esta el que le guíe durante todo el proceso de transformación, y que la solución reside en ella misma.

Como has podido comprobar, utilizar el método INTEGRA no requiere de profundos conocimientos que nos permitan interpretar las experiencias y vivencias de los demás, y por supuesto, no será nuestra tarea realizar diagnóstico alguno. Tan solo acompañamos a la persona en un proceso de autotransformación. Si buscas alimentar tu ego, lamento decirte que el método INTEGRA no es el camino.

Este método no va dirigido únicamente a eliminar estados negativos como bloqueos o ansiedades que te impiden por ejemplo entrar en un ascensor, subir a un avión o hablar en público, sino que además podemos aplicarlo prácticamente para todo: para aumentar la confianza, la perspicacia, el amor a uno mismo, la resiliencia, la creatividad, el autocontrol, el desempeño en cualquier ámbito, la autosanación, eliminar el dolor, etc. Todos, sin excepción, tenemos aspectos que mejorar, y somos nosotros mismos quienes mejor los conocen.

El método INTEGRA no debe ser entendido como un tratamiento médico, ni como la cura para enfermedad alguna. No debemos, por lo tanto, renunciar ningún tratamiento médico o suspenderlo sin consultar previamente con un especialista.

¿Te reconoces a ti mismo en afirmaciones del tipo: «la vida es dura», «todo en la vida cuesta esfuerzo», «todo tiene un precio», «todo lo bueno se acaba», «nadie regala nada», «no te fíes de nadie», «más vale malo conocido que bueno por conocer», «quien bien te quiere te hará llorar», «el amor duele»...?

Si es así, quizás estés viviendo resignado una vida que no deseas, fracasando una y otra vez en lo que te propones, vagando a la deriva por la vida, sin un rumbo determinado.

¿No preferirías que te acompañasen creencias del tipo: «haga lo que haga, todo me sale bien», «merezco tener éxito en todo lo que hago», «disfruto intensamente de cada momento», «las personas son maravillosas», «puedo hacer todo lo que quiera», «soy un ser maravilloso y perfecto», «atraigo a mi vida personas increíbles»...?

Tú eliges.

Tú, y nadie más que tú, tienes el poder y la capacidad de convertir en realidad esa vida que deseas. De ti depende alcanzar tus sueños o renunciar siquiera a perseguirlos. Deja de vivir de forma reactiva. Asume el control de tu vida. Define tus objetivos y ve a por ellos. Lo que has aprendido en este libro te será de gran ayuda en ese proceso.

Recuerda que la vida es bella. Todos hemos nacido para disfrutar y ser felices, para compartir y amar, y merecemos vivir de ese modo. Si tu programación interior te impide verlo o vivirlo de este modo, no busques excusas fuera. La solución está dentro de ti. Reprográmate.

Si estás viviendo una vida que consideras programada por otros, si tu realidad no te satisface plenamente, si tu vida está dirigida por el miedo o si simplemente has dejado de soñar, ha llegado el momento de cambiar de vida. Esto no significa renunciar a todo y lanzarte desde lo alto sin paracaídas. Significa cambiar tu programación interior, tu estructura de creencias. Y a partir de ahí, lo que tenga que cambiar en el exterior lo hará, para permitirte llegar a un estado de coherencia.

Ahora ya sabes que puedes llegar a donde tú quieras, y tú mejor que nadie sabes cuál es ese lugar. Ten presente que siempre es el momento adecuado para cambiar y convertirte en una mejor versión de ti mismo.

Por el camino encontrarás barreras, tanto internas como externas. Algunas de tus creencias limitantes te pueden llevar a pensar «sigo igual», «en mi caso no funciona», «nunca cambiaré»... Y por otro lado, encontrarás personas que intentarán frenarte, que te mostrarán todos sus miedos para convencerte de que tú también debes renunciar a tus sueños, igual que hicieron ellas. Dales las gracias a todos, lo hacen con buena intención, y continúa adelante. Confía en ti mismo y en tus capacidades. Yo confío en ti.

Ya sabes cómo funcionamos,
ya sabes que todos podemos cambiar.
Decide cómo quieres realmente ser,
lleva a cabo la transformación necesaria y
disfruta de tu nueva vida.

Cuando pienso en el futuro de la formación, no puedo dejar de pensar en los resultados que podemos obtener integrando en ella el potencial de nuestra mente subconsciente. Los conocimientos son importantes, pero la integración de estos a nivel subconsciente lo es mucho más.

Los cursos o seminarios dirigidos al desarrollo de habilidades de cualquier tipo están cambiando radicalmente. En breve, todos ellos incluirán el tratamiento de las emociones y la programación de creencias como eje central de cada curso. Es por esta razón por lo que todos los cursos que ofrecemos en la Organización Método INTEGRA están orientados de este modo.

La formación en el ámbito del desarrollo de habilidades y capacidades se ha convertido en un proceso rápido y sencillo, al haber incorporado el concepto de la formación a nivel subconsciente.

En nuestros cursos, utilizamos el método INTEGRA para llevar de la mano a los participantes en ese proceso de transformación interior, que les permite alcanzar resultados increíbles en tiempo récord. La programación de las creencias que fundamentan unos determinados hábitos nos permite integrar los patrones de comportamiento deseados de forma rápida y sencilla.

En nuestra página web (www.metodointegra.com) puedes consultar los cursos disponibles, así como buena parte de los instructores acreditados por todo el mundo.

Basta pensar durante un instante en el potencial que presenta este tipo de formación en cualquier ámbito para darse cuenta de la especial relevancia que adquiere en el ámbito educativo y en el desarrollo de profesionales.

Entendiendo la empresa como un lugar de convivencia profesional, donde cada individuo es responsable de la aplicación de sus propias capacidades a su trabajo, un mayor desarrollo del potencial humano supone toda una transformación, que va más allá del individuo y de la organización.

Comenzando por los equipos directivos, todos los trabajadores deberían mantenerse alejados de los miedos e inseguridades que paralizan de forma indiscriminada a individuos y organizaciones, especialmente en tiempos de crisis. Es ahora más que nunca cuando necesitamos trabajadores felices, optimistas, positivos, creativos, que trabajen en equipo, que no se dejen influenciar por los mensajes negativos que continuamente recibimos y, muy especialmente, abiertos al cambio.

Quizás la tarea más importante de las empresas y, por ende, de sus responsables es acompañar a todos los empleados en su crecimiento personal y profesional. Este será, sin duda, uno de los factores que marcarán la diferencia en las empresas líderes.

****

Mis anteriores libros, *Un curso de Felicidad*, *Apunta alto* y *El alma de la salud*, utilizan el método INTEGRA para alcanzar resultados específicos.

Un curso de Felicidad te guía para lograr ese estado interior de coherencia, equilibrio, paz, realización, satisfacción, etc., llamado felicidad.

Apunta alto te permitirá programarte a nivel subconsciente para convertirte en una persona altamente efectiva, incorporando las creencias que sustentan los siete hábitos de la gente altamente efectiva, tan bien definidos por Stephen Covey.

El alma de la salud te muestra una realidad diferente a la que se nos suele presentar, al respecto de la salud y la enfermedad. Te permite descubrir los distintos elementos que llevan directamente hacia la salud o hacia la enfermedad, y lo más importante, te permite integrarlos para desarrollar hábitos saludables en el cien por cien de tu tiempo.

****

Recuerda que todos estamos continuamente programando nuestras propias mentes y las de los demás, especialmente las de nuestros hijos. Los niños son esponjas y aprenden de lo que ven que nosotros hacemos y decimos.

Imagina por un momento el mensaje que nuestros hijos reciben con las siguientes frases, desgraciadamente tan habituales en nuestro día a día:

- «No te subas ahí, que te vas a caer» = «Es peligroso asumir riesgos». Si además el niño, contradiciendo a sus padres, se sube y se cae, puede estar generando creencias adicionales del tipo «debo hacer siempre lo que me dicen», «es peligroso asumir la iniciativa y ser proactivo»...

- «Estás mejor calladito» o «Tú qué sabrás» = «Lo que tengo que decir no merece la pena», «Mi opinión no le importa a nadie», «No soy lo suficientemente bueno»...
- «Todo lo que tocas lo rompes» = «Soy un manazas», «No tengo habilidades manuales», «Soy torpe»...
- «No te mereces que te compre nada» = «No merezco tener éxito», «No merezco ser feliz»...
- «Así no llegarás a ninguna parte» = «Soy torpe», «Nunca seré lo suficientemente bueno», «No debo luchar por lo que quiero, ya que no lo voy a conseguir», «Soy un fracasado»...
- «La vida es dura» o «Sin esfuerzo no se consigue nada» = «Para conseguir las cosas hay que sufrir», «La felicidad no existe»...

Si nuestros hijos ven en nosotros incoherencias entre lo que hacemos y decimos, desarrollarán las mismas incoherencias. Si en nosotros ven resignación, convertirán su vida en resignación. Si nos ven buscar excusas y culpables, en su vida buscarán excusas y culpables. Si nos ven hacerles chantaje emocional, lo harán también con los demás. Si nos ven renunciar a lo que nos gusta, tampoco perseguirán sus sueños.

Si, por el contrario, lo que ven en nosotros es ilusión, confianza, coherencia, amor, optimismo, etc., convertirán su vida precisamente en eso.

La única forma de enseñar a nuestros hijos y permitirles que disfruten de una vida plena es convertirnos en un ejemplo de esa vida plena.

De forma consciente o inconsciente, voluntaria o involuntaria, positiva o negativa, a través de nuestros actos estamos continuamente programando a los demás. Debemos tomar conciencia de ello para conseguir que esa programación sea siempre positiva.

****

Desde aquí te animo a no dejar en el olvido todo lo aprendido en este libro. No lo eches directamente en tu caja de herramientas. Deja este libro a mano en algún lugar visible. De este modo, cada vez que lo veas recordarás que acceder a todo tu potencial está en tus manos, y además es fácil.

Si en algún momento sientes que tu vida no está bajo tu control, recuerda que cambiar esa dinámica depende exclusivamente de ti. Con el método INTEGRA puedes retomar el control cuando lo desees. Por supuesto, las decisiones no las tomará nadie por ti, pero te resultará mucho más fácil decidir y ejecutar todo lo necesario para alcanzar ese punto de coherencia interior.

Y recuerda siempre que cuesta lo mismo crear la vida que quieres que la que no quieres.

¿Cómo te imaginas tu vida a partir de ahora?

¡Tú eliges!

Los analfabetos del siglo XXI serán aquellos que no sepan alinear su subconsciente con la vida que desean vivir.

7

¡Construyendo un mundo más Justo!

En la introducción de este libro apunté mi objetivo personal de construir un mundo mejor, ayudando a millones de personas a ser felices y a desarrollar todo su potencial.

Pues bien, mi visión de un mundo mejor no se acaba en la felicidad de las personas. Para mí, un mundo mejor es un mundo más justo, un mundo en el que se valoran las cosas «buenas» y se dejan de valorar las «malas». Un mundo en el que aquellos que más aportan a la sociedad y a quienes los rodean ganan más dinero que los que simplemente fabrican y venden objetos que realmente no necesitamos, o lo que es peor, que incluso deterioran nuestra salud física, mental, emocional o espiritual.

Un mundo más justo es aquel en el que pagamos gustosamente por aquello que nos hace mejores personas, en cualquiera de las dimensiones en las que desarrollamos nuestras vidas, y dejamos de gastar dinero en aquello que nos daña.

Piensa por un momento en los alimentos orgánicos y en los alimentos procesados, llenos de productos químicos; en las personas que dedican su vida a ayudar a los demás, recibiendo recompensas económicas miserables, y en aquellos que dedican su vida a crear productos tóxicos, programándonos conscientemente para consumirlos, o en aquellos que desarrollan inventos que favorecen la sostenibilidad económica, social, ecológica, etc., y los que centran su actividad en la explotación sin límite de nuestros recursos.

Somos capaces de gastar buena parte de nuestro presupuesto en tabaco, alcohol, alimentos procesados, tecnología de última moda de la que no utilizamos ni un cinco por ciento de sus prestaciones, vehículos increíbles que renovamos cada pocos años, dietas milagrosas que nos hacen perder peso rápidamente para luego recuperarlo en poco tiempo, etc.

Por lo general, gastamos nuestro dinero en comprar «cosas» externas a nosotros mismos buscando en ellas la felicidad. El motivo radica en una errónea concepción de la felicidad, propiciada por los intereses económicos de unos pocos, que nos saturan con mensajes de que la felicidad está «en nuestro exterior».

No hay nada externo a uno mismo con la capacidad de proporcionar felicidad. La felicidad está en nuestro interior. La felicidad es un estado interior de equilibrio, paz, amor y coherencia, al cual no se accede por esas cosas materiales o inmateriales externas. La felicidad únicamente puede ser alcanzada desde dentro.

El contrasentido es que nos cuesta mucho invertir en nosotros mismos, en nuestro propio desarrollo, en aquello que va dirigido a la transformación interior, a la verdadera felicidad.

Para mí, un mundo más justo es aquel en el que se valora todo aquello que conduce a la verdadera felicidad, por encima de lo que conduce exclusivamente al placer.

Bajo esta visión, todos aquellos que se dedican a ayudar a los demás deben recibir una recompensa acorde con su labor. Hemos de ser mucho más conscientes de lo bueno y lo malo, de lo que merece la pena y lo que no, de lo que nos ayuda y lo que nos daña.

Por otro lado, un mundo más justo es aquel en el que todos tenemos las mismas oportunidades para desarrollarnos a nivel personal y profesional.

Un mundo en el que la falta de recursos no es limitación alguna para tener iniciativa y para desarrollar un negocio. Un mundo en el que se comparte y se trabaja en equipo, con independencia del origen social o el nivel económico e incluso cultural. Un mundo en el que todos tenemos la capacidad de generar ingresos ilimitados y desarrollar todo nuestro potencial. Un mundo en el que la cultura financiera no es de dominio exclusivo de unos pocos.

En la Organización Método INTEGRA somos coherentes con esta visión y trabajamos para construir un mundo más justo.

- Creemos que nuestra oferta se tiene que basar siempre en productos con un valor añadido extraordinario.
- Creemos que todo aquel que forma parte del método INTEGRA debe tener una cultura financiera que le permita llegar a generar ingresos pasivos (ingresos no limitados por las horas que trabajan).
- Queremos tener un impacto muy grande y ayudar a millones de personas a vivir una vida mejor. De ahí que lo hagamos por medio de instructores acreditados.
- Creemos que a través de nuestra labor podemos ayudar a mucha gente, y una forma de hacerlo es compartir el negocio con los instructores acreditados.

Desde la Organización Método INTEGRA trabajamos para mejorar el mundo en el que vivimos ayudando a las personas a sacar todo su potencial, a vivir sin miedos y a ser libres.

Para lograrlo impartimos cursos por todo el mundo a través de centenares de instructores acreditados, que comparten nuestra visión.

Con excepción del Curso Método INTEGRA, que se dirige al aprendizaje de la metodología de transformación, el resto de los cursos van dirigidos a la transformación en sí. Buscamos que las personas que acuden a nuestros cursos salgan programadas para alcanzar el objetivo propuesto en ellos. Los siguientes son algunos ejemplos:

- En el *Curso de Felicidad* el objetivo es alcanzar ese estado interior de paz, amor y plenitud llamado felicidad.
- En el curso *Apunta Alto* el objetivo es desarrollar los hábitos de la gente altamente efectiva.
- En el curso *El Alma de la Salud* buscamos que los participantes conozcan e interioricen a nivel de hábitos los elementos que los llevarán a crear salud en todo momento.
- El curso *Comunica con Éxito* lleva de la mano al participante en la transformación que le permita desarrollar la capacidad de comunicarse de forma exitosa en cualquier entorno y situación.

En www.metodointegra.com encontrarás información de los distintos cursos que ofrecemos, de las fechas previstas para los próximos abiertos al público y de muchos de los instructores acreditados para impartir cursos.

Si compartes nuestra visión de un mundo más feliz y más justo, te doy las gracias y te animo a ir más allá, a transformar el mundo que te rodea.

Si estás interesado en organizar algún curso, o te gustaría convertirte en instructor del método INTEGRA, no dudes en contactar con nosotros a través de nuestra web, o en la dirección de correo info@metodointegra.com.

Anexo 1

Definición de Emociones

A continuación encontrarás una breve definición de las emociones incluidas en la tabla de identificación de emociones atrapadas, en el apartado «Liberación emocional».

Abandono: sensación de desamparo, descuido.
Amor no recibido: carencia de amor y cariño.
Anhelo: deseo vehemente de conseguir alguna cosa.
Ansiedad: estado de agitación, inquietud, angustia y temor.
Apatía: dejadez, falta de interés, vigor o energía.
Arrogancia: altanería, soberbia o sentimiento de superioridad ante los demás.

Asco: repugnancia producida por algo, impresión desagradable.

Celos: sospecha o inquietud ante la posibilidad de que la persona amada nos reste atención en favor de otra. Envidia por alguien que disfruta de mayor atención.

Conflicto: existencia de tendencias contradictorias en el individuo, que generan angustia e incluso trastornos neuróticos.

Confusión: desconcierto, desasosiego, falta de claridad.

Culpa: atribuirse la responsabilidad de una falta.

Dependencia: necesitar la ayuda y protección de otra persona o de otra cosa.

Desamparo: abandono, falta de amparo o protección.

Desconsuelo: angustia, pena o dolor por falta de consuelo.

Desesperación: pérdida total de la esperanza, impotencia.

Desprecio: desestimación, falta de aprecio.

Desprotección: falta de protección.

Engaño: estafa, infidelidad, distracción, mentira.

Estrés: alteración generada por exigir un rendimiento superior al normal.

Falta de control: carencia o escasez de control.

Fracaso: falta de éxito o resultado adverso, frustración.

Frustración: fracaso en una esperanza o deseo.

Humillación: vejación, degradación, motivo que lastima la dignidad o el orgullo.

Impotencia: falta de fuerza o incapacidad para hacer algo.

Indecisión: dificultad para decidirse.

Insatisfacción: falta de satisfacción.

Inseguridad: falta de seguridad.

Ira-rabia: enfado muy violento, furia, deseo de venganza.

Lujuria: exceso o demasía en algunas cosas.

Miedo: sensación de alerta y angustia por la presencia de un peligro o mal, sea real o imaginario.

Nerviosismo: excitación nerviosa, agitación.

Obstinación: terquedad.

Odio: sentimiento de aversión y rechazo, muy intenso e incontrolable.

Orgullo: exceso de estimación propia, arrogancia.

Pérdida: carencia o privación de lo que se tenía.

Preocupación: intranquilidad, inquietud o temor.

Rechazo: no aceptación, no admisión o resistencia a algo.

Remordimiento: inquietud tras una acción propia censurable.

Resentimiento: enojo o enfado por algo.

Soberbia: arrogancia, creerse superior.

Sufrimiento: dolor, padecimiento físico o moral.

Tristeza-pena: aflicción.

Vergüenza: sentimiento ocasionado por una falta cometida o por alguna acción deshonrosa y humillante. Timidez.

Anexo 2

Creencias

Utiliza el proceso de priorización para transformar todas las creencias que aparecen a continuación. Hazlo aplicándolo en cada uno de los distintos grupos de creencias. De este modo, además de realizar la transformación de todas ellas, practicarás y automatizarás el proceso, algo muy importante para poder centrarte en lo realmente importante cuando utilices el método INTEGRA (la identificación del objetivo y la definición de las creencias).

Estas primeras frases están específicamente diseñadas para avanzar más rápidamente en el aprendizaje de este método.

1. Estoy en el camino correcto para ser feliz.
2. Mi propio desarrollo personal es prioritario para mí.
3. Yo soy el único capaz de controlar lo que ocurre en mi interior.
4. Mi vida cambia cuando yo cambio.
5. Todo lo que pienso, siento y hago se halla bajo mi control.
6. Soy el único responsable de mis acciones.
7. Puedo moldear mi personalidad y lo hago.
8. Estoy abierto a identificar mis miedos y aprovecharlos para avanzar en mi desarrollo personal.
9. Me siento seguro y competente para utilizar el método INTEGRA.
10. El método INTEGRA me ayuda a evolucionar y desarrollarme como persona.

AUTOESTIMA

1. Me amo incondicionalmente.
2. Merezco ser feliz.
3. Merezco todo el amor y las cosas buenas que la vida tiene para ofrecer.
4. Me perdono por todos los errores cometidos en el pasado, presente y futuro.
5. Los errores que cometo me hacen avanzar más rápido hacia mis metas.
6. Hago las cosas lo mejor que puedo y sé en cada momento.
7. Merezco amarme y que me amen.
8. Merezco amar a otros.
9. Disfruto de ser único y especial.

10. Tengo confianza en mí mismo.
11. Estoy orgulloso de mí.
12. Soy un ganador.
13. Soy una buena persona.
14. Disfruto siendo quien soy en todo momento.
15. Mi vida tiene sentido y disfruto viviéndola.

RELACIONES

1. Estoy preparado para amar.
2. Me es fácil amar.
3. Tengo claro lo que busco en una relación.
4. Me merezco compartir mi vida con la persona ideal.
5. Me permito encontrar y mantener la persona ideal.
6. Disfruto plenamente de mis relaciones.
7. Permito que otros cambien y crezcan en mi relación con ellos, o que si lo prefieren se mantengan como son.
8. Acepto que cada uno piensa de forma diferente.
9. Confío plenamente en mi pareja.
10. Confío en los demás y ellos confían en mí.
11. Me permito expresar mi vulnerabilidad en las relaciones.
12. Me resulta fácil entablar una relación.
13. Me expreso con seguridad y claridad.
14. Sé lo que quiero y lo expreso con claridad y sinceridad.
15. Disfruto sintiéndome libre en mis relaciones.

SEGURIDAD

1. Confío en mis decisiones.
2. Soy sincero conmigo mismo.

3. Me permito realizar mis sueños y los manifiesto.
4. Conozco mis miedos y los aprovecho para avanzar en mi desarrollo personal.
5. Cada día soy más fuerte, sabio y decidido.
6. Soy responsable de mí mismo.
7. Tomo mis decisiones con seguridad, facilidad y rapidez.
8. Me permito disfrutar de todo lo que tengo a mi alcance.
9. Utilizo mis recursos de forma efectiva y eficiente.
10. Valoro mi tiempo y lo uso solo para lo que más me importa.
11. Encuentro sentido a mi vida y persigo mi propósito con decisión y alegría.
12. Recibo ayuda siempre que lo necesito.
13. Afronto mis miedos con determinación y valentía.
14. Solo me enfoco en todo aquello que es productivo para mí y para los demás.
15. Me permito aceptar todo lo que la vida me ofrece.

SALUD

1. Mi cuerpo está fuerte y sano.
2. Cada día tengo más vitalidad.
3. Mi sangre fluye y nutre a mi cuerpo de forma más efectiva cada día.
4. Mi cuerpo sana rápidamente.
5. Mi salud es importante.
6. Mi cuerpo está lleno de energía.
7. Mi cuerpo está en su peso ideal.
8. Mis órganos funcionan de manera efectiva y eficiente.

9. Es seguro, divertido y fácil para mí estar delgado, sano y lleno de energía.
10. Disfruto cuidando mi salud y mi cuerpo.
11. Me permito disfrutar de un cuerpo fuerte y sano.
12. Acepto la salud como algo natural en mi vida.
13. Me libero de todas las causas que produjeron mi enfermedad en el pasado y disfruto de mi salud ahora.
14. Mi cabeza/espalda/estómago... está extraordinariamente bien y me siento fenomenal.
15. Acepto mi enfermedad como un cambio hacia mejorar mi crecimiento personal y mi salud.

PROSPERIDAD

1. Estoy abierto y soy receptivo a ideas nuevas maravillosas.
2. Permito que la prosperidad entre en mi vida.
3. Merezco lo mejor y estoy dispuesto a aceptarlo.
4. Mis ingresos aumentan constantemente.
5. Me centro siempre en las oportunidades y en los pensamientos prósperos.
6. Me muevo de éxito en éxito, de alegría en alegría y de abundancia en abundancia.
7. Merezco vivir cómodamente y prosperar.
8. Merezco todo lo bueno.
9. Actúo a pesar del miedo, la duda, la preocupación y la incomodidad.
10. Recibo y acepto el dinero con amor y gratitud.
11. Está bien desear tener dinero.
12. Está bien tener más dinero del estrictamente necesario.

13. Estoy dispuesto a arriesgar e invertir lo necesario para generar riqueza.
14. Jamás pongo techo a mis ingresos.
15. Ante cualquier elección siempre pienso «las dos cosas».

BIBLIOGRAFÍA

Si deseas libros que te conduzcan en procesos de desarrollo personal y de transformación interior, la mejor recomendación que te puedo hacer son mis anteriores libros:

- *Un curso de felicidad*, Sirio, 2013.
- *Apunta alto*, Sirio, 2014.
- *El alma de la salud*, Sirio, 2014.

Por la repercusión de su mensaje, quiero recomendarte especialmente el libro de Bruce Lipton *La Biología de la Creencia*, editorial Palmyra, 2007.

El libro *Medicina Energética*, de Donna Eden y David Feinstein, editorial Obelisco, 2011, es una verdadera joya en lo que respecta al conocimiento y el control de las distintas energías que circulan por nuestro cuerpo.

El Campo, de Lynne McTaggart, editorial Sirio, 2002, te mostrará desde un enfoque complementario la realidad energética de la que formamos parte. En él se hace referencia a múltiples casos prácticos e investigaciones científicas.

En mi primer libro, *Escoge tu camino a la felicidad y el éxito*, Editorial Sirio, dispones de una amplia bibliografía y análisis sobre múltiples técnicas o herramientas de programación a nivel subconsciente.

Agradecimientos

Quiero aprovechar este punto para agradecer a todos los que habéis formado parte de mi vida en algún momento, ya que sin vosotros yo no sería la persona que soy y este libro no sería una realidad.

Siendo breve, quiero hacer público un agradecimiento muy especial a...

Antonio López, por tu apoyo y confianza incondicionales.

Amalia Ruiz, por tu aliento y comprensión continua, ¡especialmente con tanto viaje!

Alba Eiriz, por tus ilustraciones para este libro.

Héctor Eiriz, por ser tan buen modelo.

Beatriz Díaz y Guadalupe Sandra Suárez, por ser las primeras instructoras del método INTEGRA.

Gracias a todos los instructores del método INTEGRA. Cada uno ponemos nuestro granito de arena en la transformación del mundo, y entre todos produciremos un cambio importante.

Gracias a todos los que participáis en los cursos del método INTEGRA, ya que este libro nació pensando en vosotros.

Gracias a ti, que estás leyendo este libro. Sin ti, no tendría sentido.

ÍNDICE